Albrecht Langner (Hrsg.)
Adam Müller 1779–1829

BEITRÄGE ZUR KATHOLIZISMUSFORSCHUNG

In Verbindung mit Bernhard Casper, Alexander Hollerbach, Hans Maier, Rudolf Morsey und Konrad Repgen

herausgegeben von
ANTON RAUSCHER

Reihe A: Quellentexte zur Geschichte des Katholizismus
Band 3

Redaktion:
Katholische Sozialwissenschaftliche Zentralstelle
Mönchengladbach

FERDINAND SCHÖNINGH
PADERBORN · MÜNCHEN · WIEN · ZÜRICH

Adam Müller
1779–1829

Herausgegeben und erläutert von
ALBRECHT LANGNER

1988

FERDINAND SCHÖNINGH
PADERBORN · MÜNCHEN · WIEN · ZÜRICH

CIP-Titelaufnahme der Deutschen Bibliothek

Beiträge zur Katholizismusforschung. — Paderborn; München; Wien; Zürich: Schöningh

Reihe A, Quellentexte zur Geschichte des Katholizismus / hrsg. von Anton Rauscher. Red.: Kath. Sozialwiss. Zentralstelle Mönchengladbach.

NE: Rauscher, Anton [Hrsg.]; Abt.

Müller, Adam:

Adam Müller: 1779—1829 / hrsg. u. erl. von Albrecht Langner. — Paderborn; München; Wien; Zürich: Schöningh, 1988

(Beiträge zur Katholizismusforschung: Reihe A, Quellentexte zur Geschichte des Katholizismus; Bd. 3)

ISBN 3-506-70863-5

NE: Langner, Albrecht [Hrsg.]

Bd. 3. Müller, Adam: Adam Müller. — 1988

(Verlag Ferdinand Schöningh, Jühenplatz 1, D 4790 Paderborn)

Printed in Germany. Herstellung: Ferdinand Schöningh, Paderborn

ISBN 3-506-70863-5

INHALTSVERZEICHNIS

EINLEITUNG

Diese Edition hat das gesellschaftstheoretische und sozialethische Werk Adam Müllers (1779–1829) zum Gegenstand.[1] Politikgeschichtlich stellt Müller das Haupt der politischen Romantik und damit zugleich des Frühkonservatismus in Deutschland dar. Dem deutschen Konservatismus hat er unter betont konfessionsübergreifendem Vorzeichen die erste und zugleich christlich-ethische, im Hinblick auf ideelle Substanz und Durchtheoretisierung später nicht mehr überbotene Form verliehen.

Sein Hauptwerk „Die Elemente der Staatskunst" (1809) ist mit der Entschiedenheit des Entwurfs und in seiner herausragenden Sprachgestalt zu einem der bekanntesten, aber auch der umstrittensten gesellschaftstheoretischen Bücher des 19. Jahrhunderts geworden. Adam Müller gehört, wie ein Jahrhundert später der Soziologe Karl Mannheim formuliert, zu „jenen geschichtlichen Gestalten, die äußerst viel dazu beigetragen haben, die faktische Denkweise eines Zeitalters, oder zumindest einer dominierenden Richtung in ihm, zu prägen".

Als Schöpfer der organischen Gesellschaftslehre verbindet Müller seine Gegnerschaft zu rationalistischer Aufklärung, individualistischem Liberalismus und etatistischem Absolutismus, ferner seine Wirtschafts- und Sozialkritik mit dem für den deutschen Raum von ihm inaugurierten Beginn einer ersten in das Moderne gewendeten christlichen Sozialethik in einer Weise, die während eines ganzen folgenden Jahrhunderts organisch-gesellschaftlichen Denkens lebendig geblieben ist.

Die vorausliegende christliche Tradition der nachmittelalterlichen Welt setzt auch in der Epoche des aufklärerischen Umbruchs zeit- und gesellschaftsnahe Ethik vorzugsweise als ständisch orientierte und segmentierte Standestugendethik fort, etwa des Regenten, des Kaufmanns etc. Bezüge auf eine Ordnungs- und Institutionenethik hin, die auf eine offensive Auseinandersetzung mit den damaligen gesellschaftlichen Ordnungssystemen von Liberalismus und Absolutismus zur Darstellung einer christlich-ethischen Alternative zielen würden, werden noch nicht hergestellt.

[1] Zum Biographischen vgl. *Albrecht Langner*, Adam Müller. In: *Jürgen Aretz / Rudolf Morsey / Anton Rauscher* (Hrsg.), Zeitgeschichte in Lebensbildern. Aus dem deutschen Katholizismus des 19. und 20. Jahrhunderts. Bd. 4, Mainz 1980, S. 9–21.

Diese Situation findet sich durchweg in der theologischen Literatur auch der Zeit Adam Müllers.

Den entscheidenden Wendepunkt stellt seine organische Gesellschaftslehre am Beginn des 19. Jahrhunderts dar. Die Vehemenz, das sozusagen aus dem Stand vollzogene Heraustreten aus der beschriebenen Ethiktradition in die Ebene einer handlungsorientierten, in das Moderne gewendeten gesellschaftlichen Institutionen- und Strukturethik, der sichere Instinkt für die Grundfragen der Zeit, für die Gefahren der epochalen Entwicklungsrichtungen, die thematische Durchdringung, die Breite der gesellschaftlich-politischen Applikationen müssen als außerordentlich bezeichnet werden.

Darüber hinaus bietet das Werk Adam Müllers für Deutschland ein eindrucksvolles frühes Beispiel für den Gebrauch des von Liberalismus und Konservatismus in formal gleicher Weise übernommenen und gegeneinander gewendeten modernen soziologischen und ideologiekritischen Analyseverfahrens, wie es die Aufklärung des 18. Jahrhunderts entwickelt hat.

Hervorzuheben ist, daß in so gut wie jeder auf Müller folgenden Generation bis heute ein Neudruck des einen oder anderen seiner Werke erschienen ist. Für das 20. Jahrhundert liegt der Höhepunkt der Zuwendung zum Müllerschen Werk, auch im deutschen Sozialkatholizismus, in den Jahren zwischen 1900 und dem Ende der Weimarer Republik. Seit den sechziger Jahren ist ein zunehmendes gesellschaftswissenschaftliches Interesse im Rahmen der Konservatismusforschung zu konstatieren.

Ein auch methodisch fortgeschrittener gesellschaftswissenschaftlicher, systematischer, geschichts- und werkorientierter Neuansatz einer Analyse der Müllerschen Ideenwelt erscheint unabweisbar angesichts einer bis in die Gegenwart nachwirkenden Interpretationstradition, die in einem bisweilen kaum zu überbietenden Ausmaß von Richtungskämpfen politischen, konfessionellen, wissenschaftstheoretischen und sozialphilosophischen Charakters besonders im Hinblick auf den „Romantiker" Müller bis in die Jahre der Weimarer Republik bestimmt worden ist.

Ferner haben das Fehlen einer Gesamtausgabe sowie Eigentümlichkeiten der Müllerschen, an das damalige Lesepublikum in seiner Breite, also nicht nur an eine engere staatswissenschaftliche Fachwelt gerichteten und weithin rhetorisch-politischen Diktion bis heute gängigen interpretatorischen Unschärfen bzw. Mißdeutungen Vorschub geleistet.

Politikgeschichtlich hat Müller nicht nur als Autor zu gelten, dessen Werk das konservative Denken in Deutschland ein ganzes folgendes Jahrhundert entscheidend bewegt und beeinflußt hat, sondern zugleich auch als Modellfall für das sich in Deutschland erst spät konsolidierende bürgerliche Selbstbewußtsein in seiner Frühzeit.

Dieses Selbstbewußtsein schafft sich an den traditionalen Mächten der Gesellschaft vorbei, nach dem Vorbild bedeutender politischer Literaten des 18. und frühen 19. Jahrhunderts in England und Frankreich, über die Feder des Intellektuellen, über das publizistische Forum und gegen die Zensur in einer Zeit noch fehlender politischer Parteien jene politische Öffentlichkeit und Wirksamkeit, als deren Pionier sich Müller in Deutschland bewußt versteht und die in ganz besonderer Weise auf die „Macht" des argumentativen Elements angewiesen sind.

Mit dem Konzept eines christlichen Reformkonservatismus verbindet Müller ein praktisches Vorgehen, zu dessen herausragenden Merkmalen ein modernes Streben nach Politik- und Verbreitungsfähigkeit gehört. Dieses setzt in einer Zeit, in der es in Deutschland ein Zeitungswesen im heutigen Sinne noch nicht gibt, auf der Ebene der Diktion einer allgemein verständlichen, rhetorischen Publizistik über das Buch und über ein noch mit vielen Schwierigkeiten kämpfendes Zeitschriftenwesen an, gerichtet an das deutsche Lesepublikum in seiner Breite und in bewußter Abkehr von der Methodik der gedanklich wie sprachlich schwierigen Abstraktionen und Lektionen der Philosophie des deutschen Idealismus, auch in ihren politischen Bezügen.

Zugleich verleiht Müller dem deutschen Konservatismus eine erste politische Gestalt, die in ihrer geistigen und gedanklichen Tiefe, ideellen Substanz und theoretischen Durchdringung, wie schon eingangs erwähnt, später nicht mehr überboten worden ist.

Im Hinblick auf die Bedeutung der organischen Gesellschaftslehre Adam Müllers für den deutschen Katholizismus ist festzuhalten, daß sie eine, im übrigen noch kaum analysierte, faktische Brücke zur späteren neuscholastischen Sozialethik darstellt. Gerade deren frühe Verbindung mit der von Müller aristotelisch-thomistisch basierten und zugleich soziologisch wie politisch bereits extensiv applikativ entwickelten organischen Gesellschaftslehre führt die sich seit den sechziger Jahren des 19. Jahrhunderts mit den Arbeiten des Jesuiten Theodor Meyer konsolidierende neuscholastische Sozialethik in Deutschland zu ihrem im Vergleich mit anderen Ländern Europas erfolgreichsten Durchbruch.

Einen Höhepunkt dieser Entwicklung organologisch orientierter katholischer Sozialethik manifestiert die fünfte, in den Jahren der Weimarer Republik erschienene Auflage des Staatslexikons der Görres-Gesellschaft.

Das gesellschaftstheoretische und sozialethische Werk Adam Müllers stellt nicht eine Art Vorgeschichte, vielmehr den unmittelbaren Beginn des deutschen katholisch-sozialen Denkens in Wissenschaft und Politik des 19. und 20. Jahrhunderts dar.

Entwickelt in einer Periode, die mit dem Untergang des Ancien régime beginnt und in Deutschland mit dem Einsetzen von Industrialisierung und Parlamentarisierung um 1850 endet, zeigt dieses Werk einerseits in institutionellen Konkretisierungen und Lösungsvorschlägen das Transitorische einer Übergangszeit.

Andererseits legt es mit seinen soziologisch und politisch exemplarisch applizierten und in das Moderne gewendeten organologischen „prima principia" im Kontext der antik-christlichen Metaphysik zur Verdeutlichung verbindlicher sozialethischer Grundsachverhalte ein über eineinhalb Jahrhunderte wirkendes epochales Orientierungsfundament, das seine Stellung als organisch-soziales Leitbild im deutschen Katholizismus bis in die Mitte des 20. Jahrhunderts wahrt.

Hinweise für den Leser: Alle – hier durchgängig kursiv wiedergegebenen – Hervorhebungen in den Texten stammen aus den im Textteil genannten Vorlagen, sämtliche Überschriften vom Herausgeber. Die ursprünglichen Überschriften werden in den Quellenangaben genannt, wie sie den einzelnen Texten vorangestellt sind. Entsprechend den Redaktionsrichtlinien der Veröffentlichungsreihe sind Textanmerkungen Adam Müllers in dieser Edition nicht wiedergegeben.

Im Hinblick auf Orthographie und Zeichensetzung sind Angleichungen an den heutigen Gebrauch vorgenommen worden. In den Vorbemerkungen und Texterläuterungen als Zitatnachweise in Klammern gesetzte Zahlen kennzeichnen in römischen Ziffern das jeweilige Kapitel der Textauswahl, in arabischen Ziffern die Nr. des einzelnen Textes.

Da Müller, wie etwa sein politisches Vorbild Edmund Burke, eine überwiegend rhetorische bzw. publizistische, daher nicht durchgängig systematische Schreibweise bevorzugt, folgt diese Edition den Grundsätzen einer, dem heutigen Leser den Zugriff auf Grundlagen und Eckpunkte des Müllerschen Werkes erleichternden, systematischen Textauswahl. Aus dem gleichen Grunde sind Erläuterungen des Herausgebers mit textübergreifenden Hinweisen versehen. Auf Wiederabdrucke der Müllerschen Schriften wird in der Bibliographie verwiesen.

I. GRUNDZÜGE DER ORGANISCHEN GESELLSCHAFTSLEHRE

Mit der organischen Gesellschaftslehre begründet Adam Müller das erfolgreichste, die epochalen Umbrüche und Transformationen überdauernde gesellschaftstheoretische und sozialethische Konzept des christlichen Konservatismus im 19. Jahrhundert und weit darüber hinaus. Es findet seine Fortsetzung nach Müller vor allem durch Friedrich Julius Stahl und Ketteler und wird nach 1850 mit einer vorrangig sozialökonomischen Akzentuierung zur Basis der neuscholastischen, an den Bedingungen der modernen Industriegesellschaft orientierten Sozialethik.

Das gesellschaftliche Organismusparadigma erweist sich in einer Epoche immer rascherer Wandlungsprozesse als stabiles Konzept mit überlegenem Evidenzcharakter in der Verdeutlichung verbindlicher sozialethischer Grundsachverhalte, als gleichsam ideales christlich-ethisches Offensivinstrument gegen die gesellschaftlichen Ordnungssysteme eines individualistischen Liberalismus und später auch eines kollektivistischen und etatistischen Sozialismus.

Müller hat für den deutschen Raum durch seine organische Gesellschaftslehre nicht nur als Begründer der ersten in das Moderne gewendeten christlichen Gesellschaftsethik zu gelten, sondern auch als derjenige, der in einer später nicht mehr übertroffenen Breite die herausragende politische und soziologische Applikationsfähigkeit des gesellschaftlichen Organismusparadigmas demonstriert hat.

Hierbei wird der organisch-ständische Gedanke zu demjenigen zentralen Medium, an dem Müller bereits in ersten modernen Vorformungen und in Übereinstimmung mit älteren Prinzipien der Tradition substantielle Elemente der – von der späteren katholisch-sozialen Ethik zur ausgereiften Durchtheoretisierung geführten – Sozialprinzipien im Sinne des Person-, des Solidaritäts- und des Subsidiaritätsprinzips konkretisiert.

So erscheint der moderne Gedanke des „Solidarischen“ im Gesamt der katholisch-sozialen Ethik des 19. Jahrhunderts zum ersten Mal bei Müller, als Zentralmaxime christlicher Gesellschaftsethik und als Konzept eines personalistischen, organisch-solidarischen und organisch-subsidiären dritten Weges gegen den individualistischen Liberalismus wie gegen den Etatismus des damaligen Absolutismus. Dieser dritte Weg wird danach in Fortführung des organologischen Ansatzes und unter transformierender

Lösung vom Müllerschen naturständischen Konzept von der späteren neuscholastischen Sozialethik, im organischen Solidarismus Heinrich Peschs fortgesetzt in Gegnerschaft nicht nur zum individualistischen Liberalismus, sondern, wie bereits angedeutet, auch zum inzwischen etablierten Sozialismus.

In der naturhaften Organisierung der Gesellschaft im Sinne einer organisch-ständischen Ordnung sieht Müller das organisch-solidarische Sozialprinzip der seinsmäßigen, sittlich-personalen Gegenseitigkeit und Sozialbindung auf beispielhafte Weise verwirklicht: „Es gab ehemals Staaten, Stände, Korporationen; es schienen viele einzelne Menschen gleichsam in einen größeren Menschen eingeschlossen, einzelne Grundsätze in einem allgemeinen Grundsatz vereinigt..." „Hört die solidarische Verpflichtung auf, so ist auch von solidarischem Recht, solidarischer Macht nicht weiter die Rede" (Adam Müller, Text aus dem Jahre 1810; in: Jakob Baxa [Hrsg.], Adam Müllers Lebenszeugnisse, Bd. I, 1966, Nr. 462, S. 591 f.).

Müller setzt, wie später als Begründer eines systematisch durchtheoretisierten organischen Solidarismus in der katholisch-sozialen Ethik Deutschlands Heinrich Pesch, im Rückgriff auf das ontologische Prinzip einer „innerlichen Gegenseitigkeit" (I, 8) der Personen bei der Gesellschaft wie beim Individuum an, im Sinne „beständiger Wechselblicke" (Die Elemente der Staatskunst, Zweite Vorlesung) oder einer Doppelrichtung: einerseits von der seinsmäßigen Ausrichtung der Person auf die Gemeinschaft, andererseits von der Gemeinschaft auf die Person und ihre zu wahrende Eigenständigkeit, legitime Freiheit und „Individualität" (I, 3).

Betont wird daher der christlich-ethische Personalismus in der Verhältnisbestimmung von Individuum und Gemeinschaft, wie er gegen die generalisierende antike Vorrangstellung des gesellschaftlichen Ganzen bereits durch Thomas von Aquin sozialphilosophisch systematisiert worden ist und von Müller auf die organische Gesellschaftslehre übertragen wird. So fordert er für die Person als „Ebenbild Gottes" (II, 14; IV, 30) die richtige Vorstellung von „Sicherheit und Freiheit" (I, 7), damit jedes Glied des Ganzen „in seiner besonderen Eigentümlichkeit und Freiheit bestehen könne" (II, 12). Die „Individualität" wird im „Organismus des Ganzen" „nicht etwa unterdrückt", sondern „immer fester, sicherer und also freier gestellt" oder „auch erst recht persönlich" (I, 3).

Indem Müller je nach Frageobjekt und zu verdeutlichendem Sachverhalt für den Staat die organischen Paradigmen sowohl der Relation von Körper und Gliedern als auch eines Organismus von Organismen gebraucht, gewinnt er die zentrale gesellschaftstheoretische Basis für seinen Kampf gegen die beiden nur „mechanischen" und antiständischen gesellschaftlichen Ordnungssysteme seiner Zeit, gegen den individualistischen Liberalismus wie gegen den etatistischen Absolutismus, vor allem im damaligen Preußen.

Damit wird der Horizont jener politischen Abzweckungen und Applikationen seiner organischen Gesellschaftslehre sichtbar, mit denen Müller die mehr traditionalistisch orientierte Vorformung einer ersten Reflexion über den Nutzen einer ständischen Ordnung bei Justus Möser (1720–1794) in eine antirevolutionäre und antiabsolutistische, reformkonservative Offensive transformiert. Zugleich führt er den ständischen Gedanken aus der Ebene einer bloßen historischen Repristination in das neue Konzept einer in das Moderne gewendeten, gezielt gesellschaftsethischen und politischen Instrumentalisierung.

Müllers organische Gesellschaftslehre basiert sozialphilosophisch – nach der Zerstörung des ontologischen Naturrechts im universalisierten mechanistischen, daher Natur und Ethik trennenden Naturbegriff der Aufklärung – auf dem Ziel einer Wiederherstellung des Seinsprimats in der Ethik über den Natur und Ethik vereinenden organischen Naturbegriff der antik-christlichen Naturrechtstradition aristotelisch-thomistischer Prägung.

Das 18. Jahrhundert war zur Epoche der Durchsetzung des mechanistischen, kartesianisch-Newtonschen Weltbildes der Aufklärung im Bereich der Gesellschaftstheorie geworden. Der Beginn liegt bereits im Empirismus John Lockes (1632–1704), des Urvaters aller aufklärerischen Gesellschaftslehren des 18. Jahrhunderts. Seine Überzeugung, daß Mensch und Gesellschaft ebenso wie das Universum mechanischen, naturgesetzlichen Prozessen folgen, mündet bei Adam Smith (1723–1790) in die Ethikfremdheit einer – am Newtonschen Gravitationsgesetz orientierten – Theorie von der naturgesetzlichen Selbstregulierung ökonomisch-gesellschaftlicher Prozesse.

Mit dem universalisierten mechanistischen Naturbegriff und seiner naturgesetzlichen Determinierung trennt die Aufklärung Natur und Ethik und wendet sich vom organischen Aristotelismus der mittelalterlichen Tradition ab. Das ethische Element wird von der ontologischen Basis der aristotelischen sittlichen Entelechie gelöst und in die ratio, auf die Ebene eines als Ausdruck universal gültiger Logik verstandenen Vernunftsrechts im Sinne einer apriorischen Ethiklehre verlagert. Die Entwicklung reicht in Deutschland von Pufendorf, Thomasius und Wolff bis zum apriorischen Formalismus Kants, der ebenfalls dem mechanistischen Naturbegriff verbunden bleibt.

Müller wendet sich in der nun folgenden, weiterhin von der Hypothek einer Trennung von Natur und Ethik bestimmten Zeit einer allgemeinen Erschöpfung, des Abschwungs des Naturrechtsdenkens gegen die Zerstörung des ontologischen Naturrechts mit aller Vehemenz. Darüber hinaus verfolgt Müllers Werk als alles überragende Zielsetzung die generelle Überwindung des aufklärerischen Paradigmenwechsels von der organischen zur mechanistischen Welt-, Natur- und Gesellschaftsansicht.

1.

Die organische Weltansicht: Gegen eine Trennung von Natur und Ethik in Rationalismus und mechanistischem Weltbild der Aufklärung

Vorlesungen über die deutsche Wissenschaft und Literatur. Dresden 1806. Siebte Vorlesung, S. 109–120.

Seine organische Gesellschaftslehre im Sinne einer Wiederherstellung der ontologischen Naturrechtsethik basiert Müller zunächst auf die Metaphysik einer organischen Weltansicht. Diese strebt im ausdrücklichen Einklang mit der organischen Naturphilosophie Schellings (1775–1854) gegen das atomistische und mechanistische Welt- und Naturverständnis des 18. Jahrhunderts die Wiederherstellung der Sicht einer universalen Einheit allen Seins und aller Ordnungen im Paradigma eines universalen Organismus an. In ihm „ordnen" sich die nur scheinbar „zerstreuten Kräfte des Universums" teleologisch und entelechial in einem Prozeß, in dem sich ein der Natur selbst immanentes, „innerliches Streben nach Einheit" (I, 1) manifestiert.

Danach ist die Natur im Sinne eines „Ganzen des Naturorganismus" (I, 1) zu begreifen, als „Lebenseinheit des Ganzen", in die alle Arten und Ordnungen des Seins, entgegen dem atomistischen und mechanistischen, daher Natur und Ethik trennenden Weltbild der Aufklärung, wie „in einen einzigen großen Körper des Lebens oder in *einen* Organismus zusammenfließen" (I, 1). So sind, wie schon in der „antiken Ansicht der Dinge", die „moralischen" wie die „physischen" „Gestalten des Lebens" nichts anderes als einander zugeordnete, lebendig verbundene „Glieder dieses Organismus" (I, 1). Nach allem gilt das Prinzip vom von der ontologischen Natur „unzertrennlichen ethischen Element" (I, 1).

(...) In der gewöhnlichen Vorstellung unserer Zeitgenossen sind die Dinge überhaupt und für sich in zwei große Klassen geteilt worden, in *moralische* und *physische:* als wenn ein Gesetz in dem Reiche der Wirklichkeit, ein ganz anderes Gesetz über die Ideen und alle Erzeugnisse der inneren Natur des Menschen waltete. Darin lag der Grund aller sentimentalen Klagen über die Unerreichbarkeit des Ideals, über die Schranken der Wirklichkeit, über die unbefriedigte Sehnsucht nach dem Vollkommenen.

Nicht so in der antiken Ansicht der Dinge! – Ethik und Physik haben beide denselben Gegenstand: Das Reich des Gesetzes oder der Idee ist eins mit dem Reiche der Natur oder des Realen. Wer die Natur erforscht, vertieft sich nicht mit Selbstvergessenheit in ihren Erscheinungen, sondern jeden kleinen und großen Kriegsschauplatz der Natur auf sein innerliches Streben nach Einheit und Frieden beziehend, ordnen sich die zerstreuten Kräfte des Universums erst in Gattungen und dann in Geschlechter. Wie in dem philosophischen Leben des Menschen überhaupt kein absolutes *Erfinden* möglich ist, so gibt es in der echten Forschung der Natur kein *Entdecken.* Sicherlich ist der Geist der Natur abwesend bei dem, der sich auf sogenanntes Beobachten der Natur beschränkt: und der wissenschaftliche Eroberer, dessen Unschuld man so oft der Bösartigkeit des politischen Eroberers entgegenstellte, ist auf demselben falschen Wege mit diesem. Die Entdeckungs- und Erfindungswut in der letzten Hälfte des achtzehnten Jahrhunderts, die mit ausschweifender Dankbarkeit sogar die Asche der Erfinder wieder aufstörte und sammelte, hat der Wissenschaft hier und dort beigestanden, aber auch ebensoviel geschadet. Nicht das Erfinden, sondern das *Wiederfinden* ist das Wesen der höheren Naturwissenschaft. Nicht in der Masse der Erscheinungen, nicht in der Population des Universums, nicht in der Unzählbarkeit der Objekte sucht sie das Gefühl der Lebensfülle. Im eigenen, beseelenden, befruchtenden Gefühle des Lebens begrüßt sie jede Gestalt ihrer Freundin, ihrer Verwandtin, der Natur. Weder dem Abenteuerlichen nachjagend, noch dem gemeinen Nutzen sklavisch dienend, lebt sie unter den wildesten und fremdesten Formen, wie unter den nächsten und gewohntesten, im ruhigen, vertraulichen Gespräch mit ihresgleichen, mit sich selbst. Weder bloß fragend wie der Beobachter, der Experimentator, der kalte Zergliederer, noch rasch und vorwitzig beantwortend, wie der, welcher nach einzelnen Chiffren oder Anfangsbuchstaben Hypothesen zusammenwürfelt; weder bloß lehrend, noch bloß lernend empfängt sie das Leben, indem sie es zurückgibt, sieht in der Natur nicht etwa bloß ein Bild, eine Allegorie des inneren, menschlichen Daseins, sondern die Züge, die Eigentümlichkeit des Daseins selbst. Deshalb erscheint ihr nichts tot, solange sie selbst lebt; der Unterschied absolut organischer und absolut unorganischer Wesen, mit dem in der Disziplin der bisherigen sogenannten Naturgeschichte die Erde in ein Reich des Lebens und in ein anderes des Todes zerschnitten wurde, verschwindet. Der *Tod* ist kein Zustand mehr; wo er sich finden mag, ist er nur Übergang aus einem Zustande in den anderen oder höchstens eine in ewiger Erweiterung begriffene Grenze der bekannten Zustände.

Diese wenigen Worte mögen andeuten, wie auch die deutsche Naturwissenschaft mit Recht eine *vermittelnde* genannt werden könne. Jedes einzelne Wesen, jedes Organ und der große Körper, der sich aus allen betrachteten Objekten vor dem deutschen Naturforscher zusammenbaut, wird aus dem Mittelpunkte betrachtet und als Dolmetscher, als echter Mittler den noch unerforschten Gebieten der Natur und den Erscheinungen der Zukunft entgegengeführt. Kunstwerke, die aus der organischen Natur des Menschen, wie Blüten aus Zweigen oder wie Pflanzen aus Pflanzen am Baume, organisch aufkeimen, nimmt sie als notwendig in das Ganze des Naturorganismus auf. Die Staaten endlich, die bürgerlichen und die ökonomischen Gewerbe, die gegen Ende des achtzehnten Jahrhunderts wie eine Art von unorganischem Reiche der Kunst betrachtet wurden, aus denen man höchstens gewisse Kristallisationen, ihre Härte, ihre Sprödigkeit, ihren Glanz, wenn sie ästhetisch geschliffen waren, bewunderte und ihre kolossalen, altertümlichen Formen mit Schrecken anstaunte – werden als gleich wesentliche Erzeugnisse der schönen, freien, alles umfassenden Notwendigkeit in die Lebenseinheit des Ganzen zurückgeführt und große bevölkerte Städte, prachtvolle Systeme des Denkers, marmorne Statuen, die die großartige Vorwelt hinterließ, blühende Verfassungen freier Völker wieder mit demselbem Auge betrachtet, das der Entwicklung einer stillen Pflanze folgt oder in der Physiognomie der Gebirge die Geschichte des innerlich lebendigen Erdkörpers liest, auf dem wir wohnen, aus dem wir entsprungen. – Es gehört, ich wiederhole es, zum Charakter der Naturwissenschaft, daß sie das Reich der Kunst und alles, was aus dem Innern des Menschen hervorgesprossen zu sein scheint, nicht bloß als feststehende Allegorie oder Darstellungsmittel benutzte, sondern als wesentliches Glied in den einfachen Zusammenhang ihres Gegenstandes aufnehme. – Wie ich bis jetzt den Gesichtskreis des Menschen als *physisches* Ganzes, als Natur dargestellt habe, so erscheint er als Wirkungskreis, als unendlicher Ausdruck eines Willens, eines Gesetzes, als große, heilige Werkstatt der Kunst, sobald ich den *ethischen* Standpunkt ergreife. – Wenn man den gewöhnlichen Begriff der Moral zu erweitern vermöchte und anstatt das Leben in einzelne Schichten von Handlungen zu zerschneiden, selbiges als eine einzige große Handlung zu denken versuchte, wie ich vorher die einzelnen Blicke, Beobachtungen und Erfahrungen des Naturhistorikers in den einzigen Blick des Naturforschers über die Welt zusammenzufassen strebte – so würde man sich leicht überzeugen, daß der ethische Philosoph und der Naturforscher auf der Höhe des wissenschaftlichen Lebens nicht bloß in einem Punkte zusammentreffen, sondern dort überhaupt nicht mehr getrennt zu denken sind.

Die beiden Extreme falscher Naturforschung, die absolute Beobachtung, die sich gewissermaßen untätig den Erscheinungen hingibt, und die experimentierende, hypothesierende Manier, die die Natur erobert, erklettert, erstürmt – deuten beide auf eine mittlere Wissenschaft, in der die Elemente, die in der unorganischen Natur sich offenbarenden Mächte, die ehemals den Gegenstand der sogenannten Physik, und die einzelnen organischen Naturen, deren physiognomische oder ökonomische Beschreibung die Geschäfte der Naturgeschichte bildeten, wieder in einen einzigen großen Körper des Lebens oder in *einen* Organismus zusammenfließen, der mit ununterbrochener Tätigkeit beschaut und befragt, mit ewig klarem und empfänglichem Auge geprüft und behandelt wird. Alle Gestalten des Lebens, die moralischen, die physischen, die äußeren und die inneren, sind Glieder dieses Organismus: Sie wollen nicht bloß unterschieden und *be*griffen, sie wollen gefühlt und *er*griffen werden. Das Leben schauend und das Leben bildend, oder wissend und handelnd zugleich, schreitet die echte Wissenschaft fort: Was ist nun das Leben selbst anderes als diese Wissenschaft? Ist die reine und helle Einsicht in die Natur nicht selbst schon göttliches Leben, und wogegen soll sich denn die Kraft, die innere Tätigkeit des Menschen äußern, wohin soll sie sich richten als auf die immer deutlicher erkannte Natur?

So löst sich vermittelnd der alte Streit zwischen Freiheit und Notwendigkeit, und wir überzeugen uns, daß der Wille der Natur und das Gesetz in unserer Brust oder das Gesetz der Natur und der menschliche Wille in seiner Reinheit eins und dasselbe sind, und daß wir nichts sollen als das, was wir wahrhaft wollen. Was können wir in der Natur anderes finden und wiederfinden als das Gebiet unseres Willens und unseres Handelns? Und da die Erforschung der Natur nichts anderes ist als unendliches Streben nach dem Mittelpunkt, nach immer reicherer Erkenntnis des Organismus und der Direktion seiner Bewegung, wohin kann sie führen als zu immer größerer Ruhe und Sicherheit des Willens und Handelns?

Ein Gesetz und ewig nur *eines* soll gelten, denn Gesetz ist nichts anderes als Einheit; die scheinbare Anwesenheit zweier Gesetze ist das Wesen alles Lasters, alles Schmerzes, denn niemand kann zweien Herren dienen. Die Gesetze, die der Staat über uns aufstellt, und die, mit welchen die Sitte, der Anstand oder eine edle Gewohnheit uns binden, wollen und behaupten in unendlichen Variationen und Formen nichts anderes als das Dasein *eines* Geistes und *einer* Regel: und auf wieviel einzelne Resultate, Naturgesetze, Stoffe oder Kräfte die bisherige Naturforschung geführt haben mag, so waren sie doch alle nur da mit Bezug auf einen gewissen Staat der Natur, auf eine ewig unaussprechliche und gesellschaftliche Einheit aller Naturerscheinungen unter sich, aller Gesetze in einem Gesetz.

Indem nun die Naturwissenschaft, wie ich es oben beschrieben, alle Werke der Kunst, der ärmsten wie der reichsten, der edelsten wie der gemeinsten, sich aneignet, so hebt sich die Kunst und die Wissenschaft der Kunst (die Ethik oder die Gesetzeswissenschaft), weit entfernt, in fatalistische Gleichgültigkeit und Trägheit zu verbleichen, nun um so kräftiger, da ihr Wirkungskreis ein unendlicher geworden, oder vielmehr, da der einzelne wieder gewahr wird, was er in seiner Kindheit fühlte und übte: daß nämlich seine Tätigkeit immerfort eine unendliche gewesen, daß kein Schicksal, keine eiserne Außenwelt sie hoffnungslos hemme, sondern daß jede Reflexion über den einfachen, notwendigen Zusammenhang des Ganzen nichts sei als ein bestimmtes, höheres Gefühl der Sicherheit, des Friedens und also der Freiheit, und daß aus dieser Vermählung des Gedankens und des Gefühls wie aus Vater und Mutter hervorgehe ein echt Lebendiges, streng durch seinen Ursprung Bedingtes und doch unendlicher Bedingungen Fähiges; wer dieses ein *Werk der Kunst* nennen will, insofern er den ethischen Standpunkt ergreift, vergesse nie, daß die Kunst nur in der Natur, die Natur nur in der Kunst und im Gesetze erscheinen könne: er wisse es demnach auch als *Naturerscheinung* zu begreifen.

Kein bestimmtes Friedenswort, kein einzelnes Moral- oder Staatsgesetz, kein wissenschaftliches Resultat wird dadurch umgestoßen, daß der Mensch dazu zurückkehrt, es in seinem Ursprunge, in seinem historischen oder philosophischen Zusammenhang zu verstehen, nicht bloß ethisch den Buchstaben und das Sein, sondern auch physisch den Sinn und das Werden zu erkennen. Vielmehr ist dies der einzige Weg, die Erzeugnisse und Institute der Kunst für die Zukunft zu befestigen; daß man zeige, wie sie aus der Einheit des Gesetzes entsprungen und nur in der Einheit desselbigen gegenwärtig bestehen. So erweiterte Christus den Tempel, in welchem er zuerst gelehrt, zum Markte, zum Vaterlande, zur bewohnten Erde überhaupt, und blieb dennoch treu den altertümlichen Satzungen, die, nachdem die falschen Schranken gefallen, nun um so fester, um so eigentümlicher, um so freier bestehen konnten.

Sobald sich die Naturwissenschaft zu isolieren, das von ihr unzertrennliche ethische Element zu verleugnen sucht, wird sie zum *Realismus;* wie die Gesetzeswissenschaft, in dem gleichen Beginnen, zum *Idealismus* herabsinkt. In den neuesten Ereignissen der deutschen Wissenschaft ist es sichtbar, wie diese beide sich gegenseitig verzehren müssen, je mehr sich das Leben der Philosophie entwickelt. Je mehr es der Physik unter *Schellings* Anführung gelang, die einzelnen Gebiete der Ethik, besonders die bisherigen schönen Künste zu erobern, um so mehr mußte sie sich mit dem Wahne der Alleinherrschaft täuschen: wie die Ethik um so unerbittlicher wurde, je tiefer die Natur sich sklavisch unter der Einheit zu beugen schien, die *Fichte* mit Trotz verlangte. In der absoluten Einerleiheit des Handelns und des Wissens, des Gesetzes und der Natur, der Freiheit und der Notwendigkeit, die jede von beiden Schulen ergriffen und demonstriert zu haben glaubte, erschien der große Gegenstand des Kampfes, dessen mit jedem Fortschritt der Parteien notwendig wachsende Heftigkeit den nicht befremden kann, der die Gegenstände des Streites, dessen Formen und die Streiter selbst mit ihren Waffen im Körper der Weltgeschichte oder in der unendlichen, heiligen Dialektik vereinigt sieht. Vor ihr sind Wahrheit und Gesetzmäßigkeit, Wissen und Handeln, Mannigfaltigkeit und Einheit – identisch, insofern sie ewig verschieden und generisch einander entgegengesetzt sind. Wie nämlich aus recht eigentümlicher Ausbildung beider Geschlechter die Menschheit und die Erkenntnis der Menschheit hervorgeht, so gebären Wahrheit und Gesetzmäßigkeit die Schönheit, Handeln und Wissen das Leben und Mannigfaltigkeit und Einheit die Welt.

2.

Der Staat als „organischer Körper": Die erneuerte Zuordnung von Natur und Ethik in der organischen Gesellschaftslehre

Vorlesungen über die deutsche Wissenschaft und Literatur. Dresden 1806. Neunte Vorlesung, S. 141f., 149–151.

Nach dem Prinzip, „das Organische", hier der Mensch als „das organische Wesen" schlechthin, kann „nicht Unorganisches erzeugen", bedeutet die Gemeinschafts- und Staatsbildung einen entelechialen organischen Vorgang, dessen Ergebnis ein „großer organischer Körper" ist (I, 2).

Wie schon bei Aristoteles, in der römischen Antike (Cicero, Seneca) und in mittelalterlichen Konzeptionen ist der Staat daher zu begreifen als „politischer Körper" (IV, 32), als „Staatskörper", dem einzelnen Bürger gegenüber „höherer Organismus" oder „höherer Körper" (I, 3), bzw. nach dem Vorbild von Platons Makroanthropos als ein „großer Mensch" (II, 14), ein gesellschaftlich „sich auswachsender Mensch" (II, 17).

Die Verbindung von Natur und Ethik vollzieht Müller nach den Prinzipien der aristotelisch-thomistischen Tradition in der sozialen und ethischen Entelechie der Person. Nach Aristoteles besitzt alles Organische, Lebendige, sei es Pflanze, Tier oder Mensch, eine ihm je eigentümliche „Seele" in Gestalt der Entelechie. Diese bedeutet nicht mechanisch, d.h. nicht von außen, vielmehr organisch von innen her wirkendes Formprinzip (und danach innerliches Bewegungsprinzip) des organischen Körpers, in der thomistischen Tradition causa formalis genannt.

Die der menschlichen Natur immanente Entelechie, hier im Sinne der ethischen und sozialen Entelechie als Form- und Bewegungsprinzip der freien sittlichen Verantwortung für das Gute und die Gemeinschaftsbildung, verhält sich, Natur und Ethik vereinend, als „Lebensprinzip" oder „Ideenform" (V, 41) zur menschlichen Natur, zur Gesellschaft oder zum Staat als Form-, Einheits- oder Ganzheitsprinzip wie die „Seele" zum „Körper" (I, 3), wie die „Form" zum „Stoff" (IV, 30).

Wie der Staat als „Körper" keine eigene Substanzqualität besitzt, die nur den einzelnen Individuen zukommt, so besteht er über die ethische und soziale Entelechie der Person allein in der „Gesamtkraft" der „Individuen als integrierender Teil" oder als Faktor der Einheit des Ganzen (Versuche einer neuen Theorie des Geldes, Einleitung, Erstes Kapitel).

Damit ist der Staat allein sittliche Ordnungseinheit und insofern auf der Ebene nicht der „physischen", sondern der „moralischen Personen" angesiedelt (I, 5; I, 6). Zu ihnen rechnet Müller neben dem Staat besonders die ethischen Ordnungseinheiten „der Familien, der Stände und Korporationen" (I, 5; I, 6). Im Staat als einem Organismus von Organismen oder einem organischen „System von Staaten" (III, 25) stellen sie die primären internen Organismen dar.

Um sich den deutschen Begriff des Staates als eines großen organischen Körpers, den die Gesellschaft und ihr gesamtes äußeres und inneres

Interesse bildet, anzueignen, muß man, wie wir es getan haben, notwendig von der Darstellung der Wissenschaft in Deutschland ausgehen. Diese nämlich – wenn schon lange in dem unwürdigen Wahne, das Ideenreich, welches sie im Äther erbaut habe, könne und solle nur dort bestehen und ewig außer Gemeinschaft mit dem gröberen Interesse des Lebens in der irdischen Atmosphäre bleiben – fühlt sich, wie ich es in meiner Darstellung der Naturwissenschaft gezeigt habe, endlich unvermutet in der Nähe des wirklichen Staates. Aus dem organischen Ganzen der Natur, dessen Einheit und Wachstum sie mit Glück und prophetischer Ahnung verfolgt hat, lassen sich die künstlichen Institute, die verwickeltsten Angelegenheiten des bürgerlichen Lebens nicht mehr ausschließen. Was der Mensch, das organische Wesen, tut und verrichtet, kann der Naturwissenschaft nur als Sprosse, als Zweig seines Organismus erscheinen; denn das Organische kann nicht Unorganisches erzeugen: vielmehr heißt nur dasjenige Organisches und Lebendiges, was ein Organisches zu produzieren, was zu beleben vermag.

Erst wenn der Staat auf diese Weise in den echten Zusammenhang der Wissenschaft aufgenommen wird, wenn eine *Wissenschaft des Staates* sich erhebt, kann man vom *Staate der Wissenschaft* sprechen: Erst wenn die Physik das ganze bisherige Gebiet der Ethik oder die Historie das der Politik umfängt, kann von wahrer wissenschaftlicher Herrschaft der Einheit oder des Gesetzes die Rede sein. (...)

Wie ich früher die wissenschaftliche Einheit der Ethik und der Physik entwickelte, so zeigt sich im Staate die gesellschaftliche Einheit der Rechtsidee, des Begriffes der *Dauer* oder des Gesetzes und der ganzen Mannigfaltigkeit des *Reichtums* oder der Tätigkeit. Jede Bereicherung muß die bereits begründete Dauer befestigen, wie aller Reichtum überhaupt nur in Beziehung auf ein immer Dauerhafteres zu denken ist. So schließen sich aneinander, durch das ewige Gesetz des Eigentums und der Erbfolge immer unzertrennlich, die beiden Stände, deren immer vollkommenere Scheidung und Vereinigung wir durch die ganze Weltgeschichte verfolgen könnten: der *Adel,* der das bleibende, pflanzenartige weibliche Element der Gesellschaft repräsentiert und deshalb an das Grundeigentum angeschlossen ist, und der *Bürgerstand* in seiner tierischen männlichen Bestimmung zum unmittelbaren Erwerb und Genuß, dem mehr der Handel und das städtische Gewerbe nebst den beweglichen Gütern zugewiesen sind. Die Vermittlung dieser beiden Wesen ist das höchste Problem aller Staatsweisheit überhaupt; die Vermittlung zwischen bleibenden und vorübergehenden Dingen ist die höchste Aufgabe für die Weisheit des einzelnen.

Die Reihe der politischen Experimente, die mit einem benachbarten Lande vorgenommen sind, erinnert uns empfindlich daran, daß die gewöhnliche Beengung des Begriffs vom Staate nicht länger stattfinden kann. Der Staat ist mehr als Bequemlichkeitsanstalt, als Polster der Trägheit, wie ihn Novalis in edlem Unwillen nannte; mehr als die neutrale, armierte Handels-, Gewerbs- und Sicherheits-Kompanie, die der gemeine Bürger oder vielmehr Aktionär im Auge hat, wenn er seine bürgerlichen und moralischen Abgaben, Zölle und Prästationen überschlägt. Die inneren Güter, die Gedanken und Gefühle der einzelnen müssen dem Staate vindiziert werden: Die Pachtzeit ist zu Ende, wir werden wieder Eigentum des Staates; für den Eigentümer ist die Frucht, die erst im zehnten Gliede nach ihm reift, schon jetzt da, und nicht bloß das, was sich rasch ergreifen, verzehren, aufspeichern und vertreiben läßt; er erntet Absichten, Aussichten und Früchte mit gleicher Beruhigung. (...)

3.

Die aristotelische Leib-Seele-Relation im Begriff der sozialen Entelechie als Leitbild organisch-gesellschaftlicher und organisch-geschichtlicher Integration

Adam Müller an *Karl Gustav Baron von Brinkmann.* Beilage zu einem Brief v. 21. August 1804. In: *Jakob Baxa* (Hrsg.), Adam Müllers Lebenszeugnisse. Bd. I., Paderborn, München, Wien 1966. Nr. 81 (Freiheit und Notwendigkeit), S. 138–141. – Diese Beilage hat *Müller* dem Manuskript zum ungedruckt gebliebenen Zweiten Buch seines Werkes „Die Lehre vom Gegensatze" entnommen (vgl. *Jakob Baxa,* a.a.O., S. 143). Das Erste Buch ist 1804 erschienen.

In diesem Text demonstriert Müller auf exemplarische Weise seinen Rückgriff auf den organischen Aristotelismus einerseits in der organisch-entelechialen Lehre von der Gemeinschaftsbildung (vgl. auch die Erläuterungen bei I, 2), andererseits in der Anwendung auf eine organologische Theorie von Geschichte und Tradition im Sinne überindividueller Werte und Verbindlichkeiten.

Mit der organischen Gesellschaftslehre erwacht, wie in der Romantik allgemein, ein neues Bewußtsein für die Geschichte im Sinne des organisch Gewordenen und der Werthaftigkeit des durch die Autorität der Tradition Bewährten und Legitimierten. Insgesamt stellen die beiden legitimationstheoretischen Zentralbegriffe für die gesellschaftsethische und politische Instrumentalisierung der organischen Gesellschaftslehre Müllers einerseits die Natur, andererseits die Geschichte dar.

Die Verbindung von Natur und Geschichte wird über das Organismusparadigma vollzogen. Während der platonischen Ideenlehre die Elemente von Prozeß und Bewegung fehlen, integriert Aristoteles durch die Kategorien von Akt und Potenz in Verbindung mit seiner organischen Entelechielehre die Phänomene von Entwicklung und Werden, d.h. das dynamische Element in die Metaphysik.

Alles organische Sein hat danach eine Geschichte der entelechialen Verwirklichung. Müller schließt hieran an, wenn er dazu übergeht, die „erkannte Geschichte" selbst als einen gleichsam organischen, seinshaften „Körper" zu bezeichnen, der wiederum den Gesellschaftskörper umschließt, wie die „Frucht" den

„Kern" (I, 3). Damit legt Müller das geschichtsmetaphysische Fundament für die Verbindung einer Legitimität des durch Tradition Bewährten, wie etwa der organisch-ständischen Ordnung, mit einer Rechtsposition des auf solche Weise organisch-historisch Gewordenen.

In dieser Position manifestiert sich zugleich eine grundlegende konservative Maxime, die auf der Basis der überindividuellen Werte von Religion, Natur, Geschichte und Tradition Evolution statt Revolution postuliert.

Das heißt für den Reformkonservatismus Adam Müllers, kontinuierliche Fortentwicklung, etwa der ständischen Ordnung, im Sinne organischen Werdens wird dem antiständischen, rationalistischen, die Erfahrungen vieler Jahrhunderte übergehenden, daher sprunghaften bzw. utopischen Veränderungsdrang von Liberalismus und aufgeklärtem Absolutismus mit Entschiedenheit entgegengestellt.

Auch im organischen „Körper" der Geschichte bleibt, wie im Gesellschaftskörper, die personalistische, entelechiale Subjektstellung des Menschen im Sinne des allein substanzhaften Trägers des entelechialen Form- und Bewegungsprinzips der freien sittlichen Verantwortung, mithin die sittliche „Oberherrschaft" des Menschen „über die Dinge" (IV, 40), die „Freiheit, die Selbstbestimmung des ganzen Geschlechtes" (II, 10) gewahrt.

Von daher gewinnt Müller eine personalistische Basis, aufklärerische bzw. Hegelsche Konzepte einer naturalistischen oder kollektivistischen Orientierung im Sinne des selbstlaufenden, irreversiblen Fortschritts, mithin den „fatalistischen Glauben an eine unzerstörbare glückliche Weltordnung", die Vorstellung eines „sorgenlosen Fortschreitens und unvermeidlicher, unendlicher Perfektibilität" als Utopien abzuweisen: Gerade über die entelechiale Subjektstellung des Menschen im Sinne der freien sittlichen Verantwortung „vereinigt sich ... das Gesetz der Natur und das Gesetz der Freiheit in der *vermittelnden* Geschichte" (Vorlesungen über die deutsche Wissenschaft und Literatur, Achte Vorlesung).

(...) Daß wir den gewöhnlichen gestempelten Begriff vom Staate, selbst den, welchen die deutsche Wissenschaft in ihrer Philosophie, ihrer Geschichte, ihrer Politik, ihrem Naturrechte bisher vorausgesetzt hat, von keiner Seite anerkennen dürfen, das wird die folgende Darstellung des Menschen beweisen.

Von dem Augenblicke, in dem er den Leib der Mutter verläßt, können wir die Existenz des Menschen oder seine Geschichte nicht anfangen lassen, er selbst in seiner Eigentümlichkeit wurde durch die ganze Weltgeschichte vorbereitet. Für unsere oder seine eigene Betrachtung seiner Individualität gibt es also keine Grenzen in der Zeit, jedes noch so entfernte Ereignis der Vergangenheit, gehörig herabgeleitet auf ihn, bestimmt diese Individualität schärfer, jeder Mensch, jedes Wort, jede Pflanze, in dem entlegensten Teil der Erde, gehörig zu ihm herübergeführt und auf ihn bezogen, macht ihn deutlicher und kenntlicher, er selbst oder unsere Betrachtung seines Wesens hat also auch keine Grenzen im Raum. Wenn er sich selbst, d.h. seine Geschichte, denn ohne seine Geschichte ist er nichts, also betrachtet, so verschwindet die alte Grenze des Inneren und

Äußeren von selbst. Seinen Körper im engeren Sinne hat er nur, insofern er ihn kennt, oft hat er tausend sogenannte äußere Dinge, wie wir uns an dem ersten besten ordinären Gelehrten oder Geschäftsmanne davon überzeugen können, mehr und sicherer als seinen Körper. Lassen wir also das Wort Körper in seiner gewöhnlichen Bedeutung dem gemeinen Leben, und verstehen wir darunter für unseren Zweck die *Geschichte* des Menschen, des Staates, des Planeten, des Kunstwerks, je nachdem wir von Menschenkörper, von Staatskörper, von Weltkörper, von Kunstkörper sprechen. Dies ist der Körper, den er sich selbst gibt, den er hat, *sein* Körper, dies ist der Körper, welcher der Seele wie das Positive dem Negativen, wie die Mannigfaltigkeit der Einheit entgegensteht.

Dieser Körper umfaßt den gemeinen Körper, insofern er sich hat sehen und fühlen lassen, diesen aber nur aufs höchste als den Kern der Kugel oder der Frucht; ferner alle Personen, die in unserem Leben entweder unmittelbar oder aus der Ferne oder aus früheren Zeiträumen der Geschichte, insoweit sie wirklich von uns erkannt sind, und also auf uns gewirkt haben, jeder an seinem Orte und in seinen Beziehungen, als Nerv oder Muskel oder Ader, in diesem erweiterten Körper, ferner mit und in diesen Personen alle ihre Einwirkungen auf uns und unter sich, die Begebenheiten, die Ereignisse, die Erfahrungen unseres Lebens, alle insoweit wir sie erkennen und sie uns durchdringen, die ganze Masse unserer Kenntnisse; isolierte und nie durch die losen Verknüpfungen des gemeinen Gedächtnisses an uns gehaltene sowohl, als die in dem harmonischen Zusammenhang unserer ganzen Natur befestigten Kenntnisse; kurz alles, was wir erkennen und fühlen und worauf wir wirken, unsere Sphäre, unsere Geschichte. Diesem Körper stehen wir entgegen wie, die organische Einheit, die Seele. Auch hier ist es wieder offenbar, daß es keine Betrachtung des Körpers der Mannigfaltigkeit gibt, die nicht zugleich Betrachtung der Einheit der Seele wäre. Dem höheren Körper ist gleichsam als Schema und Muster der Organismus des Körpers im gemeinen Sinne des Wortes mitgegeben; je mehr jener diesem an Symmetrie, Zweckmäßigkeit und Universalität gleichkommt, um so mehr hat er seine wahre und eigentümliche Gestalt.

Wenn wir auf eine ähnliche Weise den Körper des Staats betrachten, so ermahnt uns vor allen Dingen die Sache der politischen Experimente, die mit einem benachbarten Land vorgenommen sind, an eine Erweiterung jenes Begriffs über seine gewöhnlichen Grenzen hinaus. Nicht die sogenannte physische Beschaffenheit, der gegenwärtige Reichtum, die vorübergehende Gestalt seines Regenten, seiner Stände und seiner Beamten, sondern seine Geschichte mit Inbegriff der wahren Erkenntnis seiner sogenannten inneren Lage machen den Körper des Staats aus, dem der wahre Staatsmann als belebende und durchgreifende Einheit, als Seele entgegensteht. (...)

Wir nennen also den Körper eines Wesens, die von ihm selbst erkannte Geschichte desselben, in dem von uns aufgestellten umfassenden Sinne dieses Wortes, als Inbegriff der ganzen Mannigfaltigkeit von Verhältnissen und Entgegenstellungen, die es übersieht. Indem wir selbst den Körper eines fremden Gegenstandes untersuchen, wird er, insoweit wir ihn erkennen, *unser* Körper, indem wir uns ihn immer fester aneignen, d. h. in Beziehung und Gegensatz auf die einzelnen Erscheinungen oder Körper stellen, die unseren größeren Körper, unsere Geschichte *(gleichsam einen Körperstaat)* bilden, ordnet und fügt sich der neu ankommende Bürger oder das hinzueroberte Gebiet allmählich in den Organismus des Ganzen; seine Stelle, sein Verhältnis, sein näherer und entfernterer Zusammenhang mit den übrigen Teilen wägt und schleift sich am Ende ab, und sein eigenes Wesen wird im Vergleich mit der früheren isolierten Existenz, durch die Einwirkung des großen Körpers erhoben und bereichert. Die Individualität des einzelnen Gegenstandes wird nicht etwa unterdrückt, sondern in die Geschichte eines höheren Körpers fortgerissen in universellere Verhältnisse gebracht, wodurch seine eigene Individualität immer fester, sicherer und also freier gestellt wird. Sein persönlicher Charakter, weit entfernt zu erlöschen, wird durch den Gegensatz des gleichsam bürgerlichen Charakters, den er durch die Aufnahme in den Kreis eines höheren Lebens erst recht sicher erhält, nun auch erst recht persönlich.

Dies ist die wahre Darstellung, wie sich echte Bildung erweitert. Sie ist gleich passend, wir mögen sie auf den im alten Sinne des Wortes *eingebildeten* Ideenstaat, auf unsere sogenannten *inneren* Besitztümer oder auf die *äußeren* und den *wirklichen* Staat anwenden. Wenn man die Ereignisse der verflossenen Jahre betrachtet, so wird man die große Auflösung der politischen und wissenschaftlichen Körper sich auf gleiche Weise entwikkeln sehen. (...)

Für den Menschen aber, insoweit er lebt, ist jeder Gegenstand seiner Beobachtung oder seines Handelns, soweit er selbst jedes Individuum dieser Art auch wieder in neue Individuen auflösen mag, für ihn ist jedes Glied seines Körpers, seiner Geschichte – lebendig, persönlich, es tritt auf den Vertrag von Gegensatz und Wechselwirkung, in den Verein des höheren Organismus, es unterwirft sich dem Ganzen, insofern das Ganze sich auch wieder seines Orts ihm unterwirft. (...)

4.

Natur und organische, ständisch-korporative Ordnung

Die Elemente der Staatskunst. Bd. 1, Berlin 1809. Neunte Vorlesung: Vom Staatsrechte und vom Adel, S. 267–269.

Den als organisch-naturhaft verstandenen Charakter der Stände umschreibt Müller als natürliche „Urunterschiede" (III, 26), wie sie sich in Analogie zu den „Geschlechts- und Altersdifferenzen" (I, 4) ergeben. Der Adel, in erster Linie in seiner traditionalen Funktion als Grundadel, stellt danach das Alter oder das weibliche Element im Sinne des Beharrens dar, das Bürgertum die Jugend bzw. das männliche Wesen im Sinne des Transzendierens, des Aktiven und Schöpferischen (I, 2).

Die Stände sind demnach nicht das Ergebnis einer willkürlichen, wie in Liberalismus und Absolutismus vollzogenen, mechanischen „Teilung ... der Massen", vielmehr der organischen Teilung der „Naturen" (I, 4). In einer organischen Ständeordnung wird folglich von der Natur selbst „organisiert", „balanciert", ein „lebendiges und produktives Gleichgewicht" wie auch „Einheit" der Gesellschaft garantiert (I, 4).

Als natürliche Repräsentanten der „großen Grund-Interessen des Staats" bedeuten die Stände soziologisch zugleich „notwendige Mittelstufen zwischen dem Einzelnen und dem Allgemeinen (dem Staat oder seinem Repräsentanten, dem Souverän)" (I, 6). Im Ganzen muß der Staat Stände als „deutlich organisierte Glieder haben, einen rechten und einen linken Arm u.s.f., wie der Mensch, nur so wird er fähig, zu agieren" (I, 6).

(...) Jeder Akt einer vollständigen menschlichen Gesellschaft besteht aus den Einflüssen eines physisch stärkeren und eines physisch schwächeren Geschlechtes. Jedes von diesen Geschlechtern, ins Unendliche verschiedenartig organisiert, balanciert das andere auf das glücklichste, ohne seine glücklichen und segensreichen Kräfte zu hemmen. Hier ist Teilung nicht der Massen, wohl aber der Naturen; hier ist lebendiges und produktives Gleichgewicht zwischen denselben; hier ist Einheit.

Was sind nun jene Körperschaften, die sich in ihrer reinsten Gestalt in der britischen Verfassung zeigen, anderes als große Repräsentationen der Geschlechts- und Alters-Differenzen, aus welchen die Natur die Harmonie jeder Familie hervorruft? Insofern sie innerlich und generisch einander entgegenstehen, ist ein lebendiges Gleichgewicht zwischen ihnen möglich. Kurz, wie in der Natur überall, so auch im Staate, fließen Teilung und Einheit aus derselben Quelle, dem wahren Gegensatze nämlich: Nichts kann verbinden als die wahre Teilung selbst. – Alle Konstitutions-Künstelei unserer Tage ist also nichts anderes als der immer unglückliche Versuch, ein Surrogat der Ständeverhältnisse des Mittelalters zu finden. Man teilte und zerschnitt die einzelnen Funktionen und Qualifikationen der

Souveränität, man teilte manufakturartig den souveränen Willen und das souveräne Geschäft, welches unmöglich ist. Die Naturen, deren Konflikt und Balance den Staat und die Familie ausmacht, sind von der Natur – im Staate und in der Familie – schon wahrhaft geteilt gegeben. – Auf der Erkenntnis dieser, von ewigen, göttlichen Gesetzen angeordneten, Teilung beruht alle Wissenschaft der Regierungsform; sie ist auch mit der Idee des Staates verträglich, während alle Teilung der *Funktionen* von dem Begriffe ausgeht und die lebendigen Glieder des Staates selbst in kalte und tote Begriffe verwandelt. (...)

5.

Individuelle und ständisch-korporative Freiheit

Vermischte Schriften über Staat, Philosophie und Kunst. Bd. 1, 2. Aufl., Wien 1817. Kap. II, Ziff. 27: Individuum und Korporation im Staate, S. 236f.

Data der Staatswissenschaft sind physische und moralische Personen; der Zweck dieser Wissenschaft ebensowohl das Leben und die Freiheit der Familien, der Stände und Korporationen als das Leben, das Wohl und die Freiheit des Individuums. Es gibt nur physische Personen, inwiefern es organische Verbindungen unter diesen Personen oder moralischen Personen (Korporationen) gibt. Die Frage kann also nie sein, ob solche Korporationen da, wo sie existieren, fortdauern sollen oder nicht, sondern sie sind statuiert, inwiefern das Individuum statuiert ist, welches nur in Wechselwirkung mit ihnen lebt.

Folglich kommt es nie und in keinem Falle auf die Freiheit der Individuen allein an, so etwa als müsse die Existenz und die Form der moralischen Personen ihnen unbedingt weichen und nachgeben, sondern beide müssen einander gegenseitig bilden, beschränken und beleben. Der Anspruch beider auf respektive Freiheit ist gleich groß: und so erscheint dann, der Natur ihrer Träger folgend, die Freiheit in zwei großen, tief verschiedenen und doch unzertrennlichen Grundgestalten: individuelle und korporative Freiheit; Freiheit des Menschen als Privatmann und Freiheit desselben als Mitglied eines Standes oder einer Korporation. Aus dem Wechselleben dieser beiden Formen erzeugt sich ewig wachsend die allen Gemeinwesen einzig wünschenswürdige Freiheit.

6.

Gegen den Individualismus moderner Gesellschaftslehren: Das Solidaritätsprinzip

Adam Müller an *Friedrich August Ludwig von der Marwitz*. Brief vom Oktober 1810. In: *Jakob Baxa* (Hrsg.), Adam Müllers Lebenszeugnisse. Bd. I, München, Paderborn, Wien 1966. Nr. 446 (Über des Herrn Prittwitz' Gedanken über Feudalismus und Antifeudalismus), S. 572.

„Es gab ehemals Staaten, Stände, Korporationen; es schienen viele einzelne Menschen gleichsam in einen größeren Menschen eingeschlossen, einzelne Grundsätze in einem allgemeinen Grundsatz vereinigt..." „Hört die solidarische Verpflichtung auf, so ist auch von solidarischem Recht, solidarischer Macht nicht weiter die Rede" (Adam Müller, Text aus dem Jahre 1810; in: *Jakob Baxa* [Hrsg.], Adam Müllers Lebenszeugnisse, Bd. I, 1966, Nr. 462, S. 591 f.).

Die Verdeutlichung der organisch-solidarischen, d.h. personalistischen und seinsmäßigen Hinordnung der Personen und Gesellschaftsglieder auf das Ganze der Gemeinschaft und umgekehrt stellt das sozialethische Zentralanliegen dar, das Müller mit dem gesellschaftlichen Organismusparadigma gegen die nur „mechanischen" gesellschaftlichen Ordnungssysteme seiner Zeit, d.h. gegen den individualistischen Liberalismus und gegen den etatistischen, nur äußerlich mit den Mitteln der Macht und daher gesellschaftsfremd verfahrenden Absolutismus verfolgt.

„Die Natur will beides, das Glück des einzelnen – das Glück des Ganzen – eines um des anderen willen" (I, 6). So sind die „moralischen Personen, Verbindungen, Stände um der Individuen willen da, aber ebensosehr die Individuen um der moralischen Personen willen" (I, 6). Zwar ist niemand „absolut frei, niemand souverän", aber jeder ist auch nur „verpflichtet, inwiefern er berechtigt ist" (III, 25). Alles in allem ist der „Anspruch" von Individuum und Gemeinschaft „auf respektive Freiheit ... gleich groß" (I, 5). Jedes Glied „unterwirft sich dem Ganzen, insofern das Ganze sich auch wieder seines Orts ihm unterwirft" (I, 3).

Folgerichtig ist – und hier nimmt Müller wie schon im Vorstehenden die Sprach- und Denkwelt der späteren katholisch-sozialen Ethik zum Solidaritätsprinzip vorweg – das Verhältnis von Individuum und Gemeinschaft ein seinsmäßig fundierter „Vertrag von Gegensatz und Wechselwirkung" (I, 3), eine „Wechselverbürgung", „Wechselverbindung" (I, 8), „Wechselverpflichtung" (I, 9), „verschränkte Gegenseitigkeit" (I, 8). Im übrigen findet sich Wesentliches der solidarisch-ständischen Prinzipen Müllers bereits bei Justus Möser vorgezeichnet.

(...) Es gibt nur Individuen im Staat, insofern es moralische Personen gibt, freilich sind diese moralischen Personen, Verbindungen, Stände um der Individuen willen da, aber ebensosehr die Individuen um der moralischen Personen willen. Diese moralischen Personen (wie der Verfasser mit anderen Worten bemerkt) sind notwendige Mittelstufen zwischen dem Einzelnen und dem Allgemeinen (dem Staat oder seinem Repräsentanten, dem Souverän). Die Natur will beides, das Glück des einzelnen – das Glück des Ganzen – eines um des anderen willen. Da nun ein Stand (adliger, bürgerlicher, Kaufmannsstand) nichts weiter ist, als eins von den großen Grund-Interessen des Staats, aus dem beschränkten Privatstandpunkt zum *Ganzen erhoben* oder zu einem vollständigen Gliede des Ganzen erhoben, so muß es als Glied des Ganzen ebenso kräftig in seiner Gestalt, Natur, Kraft, kurz in seinem Eigentum geschützt werden, als jeder Privatmann in dem seinigen. Zeigt sich zwischen dem Vorteil des Privatmanns und dem des Staats oder eines Standes etwas Unverträgliches, so liegt der Fehler auf beiden Seiten, auf beiden Seiten muß nachgegeben werden. Die Frage ist nie, ob um des Vorteils des einzelnen willen ein Stand aufgehoben werden könne, sobald dieser Stand ein wesentliches, unentbehrliches, ja wie beim Grundeigentum das allerwesentlichste Urinteresse des Staats repräsentiert. Der Staat muß deutlich organisierte Glieder haben, einen rechten und einen linken Arm u.s.f., wie der Mensch, nur so wird er fähig zu agieren! Wer den Staat will, muß auch seine organisierten Glieder wollen, und wenn man behauptet, daß irgend wenn es der Vorteil des einzelnen erheischen könnte, daß diese Glieder zernichtet würden, so behauptet man, daß auch der Fall eintreten könnte, wo um des Privat-Interesses jedes einzelnen willen der ganze Staat aufgehoben werden könnte. (...)

7.

Gegen den Etatismus moderner Gesellschaftslehren: Das Subsidiaritätsprinzip

Von der Notwendigkeit einer theologischen Grundlage der gesamten Staatswissenschaften und der Staatswirtschaft insbesondere (1819). VII: Geschichte des heutigen Staatsrechtes. In: Adam von Müller's gesammelte Schriften. Bd. 1, München 1839, S. 21–24.

Wie im Hinblick auf das Solidaritätsprinzip entwickelt Müller Elemente dessen, was später in der katholisch-sozialen Ethik seit Gustav Gundlach als Subsidiaritätsprinzip im Sinne einer organisch-freiheitlichen Kompetenzordnung in der Gesellschaft bezeichnet wird, vorzugsweise am Medium der organisch-ständischen Ordnung, darüber hinaus am mikrogesellschaftlichen Verband der traditionalen Wirtschaftsgroßfamilie und der Ehe (II, 12; I, 8).

So wie der Staat als Organismus von Organismen gilt, welche im Dienste des Ganzen naturgegebene und zu respektierende Aufgaben erfüllen, so nehmen die Stände bzw. Familien als interne organische Gebilde im Gesamtstaat als einem organischen „System von Staaten“ (III, 25) oder Lebenskreisen naturhaft-originäre

Aufgaben von unten nach oben wahr: Jeder kleinere hat gegenüber dem nächst größeren Kreis einen vorrangigen Kompetenz- und Selbstverwaltungsanspruch in denjenigen Angelegenheiten, die er auf Grund seiner naturgegebenen organischen Funktion selbst zu bewältigen vermag.

Den Regierenden im Sinne des antiständischen, unorganischen und folglich „toten Staatseinheitsbegriffs" des damaligen Absolutismus hält Müller daher die Übertretung der „Schranken ihrer natürlichen Freiheit", d.h. ihrer natürlichen Kompetenzen, die Mißachtung der „Staats- oder ständischen Befugnisse", den „Mißbrauch" der obrigkeitlichen Gewalt sowie das Bestreben entgegen, aller gegliederten „positiven Freiheit" und Kompetenzordnung zuwider die Gesellschaft „in eine allgemeine, untertänige und tributäre Masse zu verschmelzen" (I, 7).

Am Beispiel der Ehe bzw. der traditionalen Wirtschaftsgroßfamilie demonstriert Müller, daß richtige subsidiäre „Subordination" nur im Sinne der erläuterten Solidarität, d.h. unter Beachtung der organischen „Koordination" (I, 8) erfolgen kann. Allein auf diese Weise wird das Ziel erreicht, „jedes Glied des Ganzen" in seinem „Wirkungskreise oder Staate zu erhalten und zu schonen; jedem sein Recht zu tun", jedes Glied „in seiner Art und Ordnung zu gebrauchen", damit es „in seiner besonderen Eigentümlichkeit und Freiheit bestehen könne" (II, 12).

(...) Die Herren zuerst wurden übermütig und überschritten die Schranken ihrer natürlichen Freiheit, ihrer Staats- oder ständischen Befugnisse; und eben der Mißbrauch der ihres geistigen Zügels entbundenen Herrschaft mußte den allgemeinen Drang nach einem Surrogate des vergessenen Gottes erzeugen, der vornehmlich in unserem Jahrhundert laut geworden ist. Solche Surrogate wurden die Begriffe Staat, Gesetz, Volk; mit abgöttischer Ehrfurcht ausgesprochen und erörtert. Man regierte im Namen des Staates, anstatt im Namen Gottes, des Anordners alles irdischen Regiments; man leitete die Gewalt her aus dem Gesetze anstatt von Gottes Gnaden und verlangte Gleichheit vor dem Gesetz anstatt vor Gott; man sprach von Staatsdienst anstatt des Herrendienstes um Gotteswillen; der König, hieß es, sei erster Beamter des Staates oder des Volkes, anstatt: erster Beamter Gottes.

Dieser Gesichtspunkt mildert das Urteil über die revolutionären Irrtümer unseres Jahrhunderts. Der neue Staatsbegriff, ungeachtet seiner verderblichen Konsequenzen, erscheint als eine Art von einstweiligem Gerüste, *als ein unvermeidlicher Unterbau, der angelegt wurde, um das Gewölbe unserer bürgerlichen Einrichtungen, dessen Schlußstein, nämlich Gott, hinweggenommen war, zu unterstützen.* In dem Maße aber, als in alle Herzen die Überzeugung zurückkehrte, daß es ohne tätigen Glauben an den lebendigen Gott und ohne Gehorsam gegen seine Offenbarungen keine Sicherheit und Freiheit geben könne; daß nisi Dominus aedificaverit domum, custodierit civitatem, alles Staatsbauen und alle Staatssorge eitel sei, und daß alle Surrogate Gottes, nämlich die Begriffe Staat, Gesetz, Volk in ihrer abgöttischen Bedeutung das gesamte Eigentum, die Eigentümlichkeit, alle Privatrechte, also die ganze positive Freiheit des Menschen zerstören müssen, in dem Maße, sage ich, als der Schlußstein wieder eingefügt würde, würde es auch Pflicht, jenes Gerüst zu zerstören. Karl Ludwig von Haller hat dieses große Werk begonnen; bieten wir ihm treu und dankbar die Hände.

Wenn wir recht erwägen, wie jener tote Staatseinheitsbegriff sich in den letzten drei Jahrhunderten allmählich entwickelt hat, so sehen wir, daß er zunächst militärische Veranlassungen hat; je mehr Glaube und Religion aus dem öffentlichen Leben verschwanden, sich zuerst in das Innere der Häuser, dann angeblich in das Innere des menschlichen Herzens zurückgezogen, um so notwendiger wurden die äußeren Zwangs- und Verteidigungsanstalten, die entstandenen Lücken auszufüllen. Mit jedem folgenden Jahrhundert angeblich steigender Freiheit verlor sich mehr und mehr alle Freiwilligkeit unter den Menschen; ihre sämtlichen Dienste mußten erzwungen oder bezahlt werden; daher das Soldwesen, das Soldatenwesen, zuletzt auch im Friedens- und Zivildienste. Die natürliche Folge war von Seiten der Regierungen ein alle Rücksichten hintansetzendes Bedürfnis äußerer Machtmittel, und, da diese bald unzulänglich erschienen, äußerer Überredungsmittel, nämlich des Geldes. Diesem letzteren Bedarfe war nur durch Tribute der Untertanen zu genügen. Solchen Tributsystemen aber standen die Staaten im Staate, standen die Stände entgegen. Die Regierungen mußten nach einer Verfassung streben, wie die der eroberten Länder, um alles Einzelne, Eigentümliche, Besondere in eine allgemeine, untertänige und tributäre Masse zu verschmelzen; alle die unendlichen positiven Kontrakte des Staates mit seinen Ständen und Staaten, in denen bis dahin seine Wesentlichkeit bestanden hatte, mußten zerstört und nach einer unbedingt gleichen Verpflichtung oder Adskription jedes einzelnen Kopfes gegen den Begriff des Gesetzes oder des Staates mußte gestrebt werden. So wurde der Despotismus aufgerichtet, der, wie immer, zuletzt in den Völkern das Geschrei nach willkürlicher Freiheit erwecken mußte; aber in den Völkern waltete dieselbe Quelle des Unheils, auch sie wollten nicht die reale, kräftige Freiheit, jeder ein kleiner Fürst in seinem Gebiete oder Staate, in seiner Eigentümlichkeit, in den ihm von Gott angewiesenen Schranken, sondern sie begehrten ihren Anteil an der allgemeinen Willkür. Hatten die Fürsten im Namen des Staates ihre positiven Kontrakte mit den Staaten, Ständen und Körperschaften in ihrem Gebiete aufgehoben, so forderten nun die Völker im Namen desselben allgemeinen Staates, und von demselben falschen Vorbegriffe verführt, die Annahme eines allgemeinen philosophischen Urkontraktes, den sie aufzukündigen befugt wären und durch den allein die gesamte gegenseitige Verbindung bestehe.

So erfolgte jener bereits fünfzigjährige offene Kampf der Volksirrtümer und der Fürstenirrtümer, der Anarchie und des Despotismus, des Urkontraktes und der Staatsraison, den wir größtenteils als Zeitgenossen erlebt haben und mit dem Namen der Revolution zu bezeichnen pflegen.

Alles Positive, was sich von dem heutigen Begriffe des Staatsrechtes aussagen läßt, ist, daß er seiner äußeren Natur nach rechtszerstörend, seiner inneren Natur nach durch und durch unrechtlich sei, und daß er, inwiefern sich die Fürsten und Herren seiner bedienen, auf Zerstörung aller Privatrechte und Freiheiten der Stände und Untertanen, inwiefern die Völker – auf Zerstörung aller Freiheiten und Privatrechte der Fürsten gerichtet war.

8.

Organisch-familiaristischer Solidarismus: Die Ehe als Urbild einer gesellschaftlichen Ordnung der „innerlichen Gegenseitigkeit"

Versuche einer neuen Theorie des Geldes mit besonderer Rücksicht auf Großbritannien. Leipzig und Altenburg 1816. Einleitung, Viertes Kapitel: Die Ehe und die Familie, als Schema aller Haushaltung, S. 40f., 43–45.

Die Vorstellungen, welche von der Teilung und Privatisierung aller ökonomischen Geschäfte dermalen in Umlauf sind, stehen mit der Realität dieser Funktionen in einem schneidenden Widerspruch. Ich habe bereits in meinen Elementen der Staatskunst gezeigt, daß die wesentliche Bedingung aller Produktion in der Wechselwirkung zweier Kräfte liege: Werkzeug und Material, die Kraft des Bodens und der Arbeit müssen in ein Verhältnis lebhafter Gegenseitigkeit treten, wenn ein Produkt erfolgen soll, und der Prozeß der Erzeugung des Menschen ist das einzige vollständige und allumfassende Schema jeder gedenkbaren Produktion. Aber solche entgegengesetzten Kräfte müssen in eine dauerhafte und gewissermaßen ausschließende Wechselverbindung treten, wenn die Produktion einen gewissen Grad der Vollkommenheit erreichen soll: auch von dieser Seite ist die Ehe nach christlichen Vorstellungen das genügendste Schema für alle ökonomischen Zustände und Funktionen. Hierin wenigstens wird uns die Industriephilosophie unserer Zeit beipflichten: Auch sie verlangt, daß sich der Produzent auf eine bestimmte ökonomische Funktion ausschließlich und für die Dauer beschränke oder in einer Art von Monogamie mit seinem Gewerbe lebe.

Erwägen wir aber, daß das Wesen der Ehe nicht in dem mechanischen Beieinandersein und Aneinanderhalten beruhe, daß vielmehr beide verbundenen Kräfte entgegengesetzter Art sich lebendig durchdringen, beide die eine höhere Kraft, die sie durch ihre Wechseldurchdringung formieren, gründlich empfinden müssen, wenn etwas Menschliches nicht bloß produziert, aber auch ausgebildet werden soll, so ergibt sich, daß die bloß mechanische oder tierische Vereinigung der mechanisch oder tierisch geteilten Kräfte zur Vollständigkeit des Produktes keineswegs hinreiche. Es kommt nämlich darauf an, daß das Produkt auch selbst wieder eine dauerhafte und fruchtbare Verbindung (eine Ehe) schließen könne; kurz, es kommt darauf an, etwas Produktives zu produzieren. – (...)

Wie nun die geheimsten Fugen des ganzen Staatsverbandes in der Ehe liegen; wie die gesetzliche und sittliche Behandlung der Ehe das sicherste Kennzeichen von der tüchtigen Ausbildung aller gesellschaftlichen Verhältnisse eines gegebenen Staates darbietet; wie der Hausvater, der Meister der Familie, auf der einen Seite die ganze Familienvereinigung, die ganze Ehe repräsentiert, und auf der anderen Seite wieder als Glied einer höheren Familie, als dienender Ehegatte in einer höheren Ehe mit dem Allgemeinen, mit dem Staate lebt; und wie alle Personen im Staate durch eine wunderbar verschränkte Gegenseitigkeit ihr besonderes Hauswesen herrschend repräsentieren, während sie wieder dem anderen größeren Hauswesen als dienende Glieder unterworfen sind – so koordinieren sich auch wieder alle Geschäfe im Umkreise des Staates (ja das gesamte Staatsgeschäft selbst nicht ausgeschlossen), inwiefern sie sich subordinieren, und ebenso wird man sie auch nie für den Zweck einer gemeinschaftlichen Wirkung subordinieren können (worin ja das ganze Problem der Staatskunst liegt), ohne sie einander nach dem Gesetz einer innerlichen Gegenseitigkeit, deren einzig richtiges Schema die Ehe darbietet, wieder zu koordinieren. Darin, daß man, statt dieses reineren Schemas, das der väterlichen Gewalt aus dem römischen Rechte entnommen, mit anderen Worten, darin, daß man die Subordination durch die Subordination hat erreichen wollen, während sie nur durch die Koordination bewirkt und garantiert werden kann, darin liegen alle Irrtümer, alles Umherschweifen der heutigen Staatskunst.

Die Wahrheit des Grundsatzes, den wir am Schluß des ersten Kapitels aufstellten, daß es nämlich der Staatswirt insbesondere mit Verhältnissen zu tun habe, und daß eine unbefangene, gerechte Würdigung derselben die Bedingung aller weiteren ökonomischen Einsicht und Tätigkeit sei, wird nunmehr heller einleuchten, nachdem gezeigt worden, daß jedes ökonomische Geschäft aus einem Verhältnis zweier wechselwirkender Elemente bestehe, ferner, daß sämtliche ökonomischen Geschäfte wieder in einem solchen Verhältnisse zueinander stehen, und daß die Staatshaushaltung im Ganzen alle diese nach der Ordnung der Familien lebendig zusammengreifenden Wechselwirkungen, die sich zuletzt in das große einfache Verhältnis der städtischen und ländlichen Wirtschaft auflösen, umfasse.

Alle diese Verhältnisse erfordern, wenn sie produktiv sein sollen, einen gewissen Grad der Dauerhaftigkeit; je mehr Kräfte zusammengreifen, um so mehr brauchen sie Zeit, sich untereinander zu fügen und im Zusammenhange zu entwickeln; je dauerhafter das Produkt sein soll, um so sicherer und beständiger muß die Verbindung, die Ehe sein, aus der es hervorgeht. So nun schließt sich das vergänglichere an das bleibendere Verhältnis und dieses wieder an die ewige Wechselwirkung des ländlichen und städtischen Gewerbes, alles verwebt sich ineinander und verbürgt einander seine Dauer, so wie die große Ehe des Staates alle die kleineren Ehen im Staate trägt und von ihnen getragen wird; und diese Wechselverbürgung aller Geschäfte miteinander und aller Personen miteinander verwächst im Laufe der Jahrhunderte in sich und mit dem Boden, der sie alle trägt. Die so entstandene Bindung ist die Basis aller politischen Macht. (...)

9.

Eigentumsordnung organisch-solidarischen Charakters

Versuche einer neuen Theorie des Geldes mit besonderer Rücksicht auf Großbritannien. Leipzig und Altenburg 1816. Einleitung, Zweites Kapitel: Verhältnis der Personen und Sachen zueinander und zum Staate, S. 19–25.

(...) Es scheint freilich, daß sich die Sachen bloß durch die Willkür einseitig aneignen lassen, indessen gegen Personen, die selbst an sich und dann auch zur Behauptung und Erhaltung der Sachen unentbehrlich sind, gilt nur Verpflichtung, gegenseitige Aneignung. Wenn also auch nur nach dem Eigentume gestrebt würde, so müßten die Menschen sich deshalb schon wie in ein großes Gewebe gegenseitig verschränken; jeder müßte in eine Wechselverpflichtung zu allen übrigen treten: Das Eigentum ließe sich nicht erweitern, ohne diese persönlichen Verplichtungen zu vermehren. Wer diese Verpflichtungen zerrisse, schwächte auch das Eigentum und verursachte eine Wertminderung desselben.

Gesetzt nun also, die Nationalökonomie hätte es bloß mit dem Eigentum zu tun und nicht mit der wechselseitigen Verschränkung und Verbürgung des Eigentums, welche durch persönliche Verpflichtungen vollzogen wird, so würde sie ebensowenig von der ökonomischen Erweiterung des Eigentums Rechenschaft geben können als eine Rechtslehre, die nur von den persönlichen Verpflichtungen handelte, aber die Realrechte versäumte, über die juristische Sicherstellung der Kontrakte Rechenschaft geben könnte. Wie also die Jurisprudenz Personen und Sachen als Subjekte des Rechts behandelt, so soll die Staatswirschaft Personen und Sachen als ökonomische Objekte betrachten. *Der erste Zweck der Nationalökonomie ist also Erhaltung, Belebung, Vereinigung des Verhältnisses der Personen und Sachen zueinander.*

Wenn nun also Personen und Sachen beide als ökonomische Werte sich ineinandergewoben und durcheinander verbürgt haben, so entsteht die Fülle, die Ganzheit, der dauerhafte und vollständige Mensch, wonach alle einzelnen gestrebt haben. Alle müssen zusammentreten, zusammenwirken, sich zusammen verpflichten, damit er für jeden einzelnen wirklich werde. Dieser vollständige Mensch, an dem sich alle einzelnen erheben, durch den sich alle einzelnen vervollständigen, ist der Staat, ist dasjenige, was wir oben unter dem Bilde des Vaterhauses dargestellt. So wäre nun die Vorstellung von einem vollständigen und unvergänglichen Menschen, welche die Seele mit sich umhertrug, realisiert. Aber wie kann man dieses Wesen, welches immer außerhalb des Menschen bleibt und das er sich nie vollständig anzueignen vermag, eine Verwirklichung des Ideals nennen? Ich antworte: Alles, was der Mensch sich aneignet, ist nur insofern sein eigen, als er selbst dafür Verpflichtungen eingegangen, als er durch Verpflichtungen gegen Personen sein Eigentum selbsttätig verbürgt hat. Der Staat, diese größte unter allen Sachen und zugleich diese größte unter allen Personen, ist als Sache insofern wirklich sein eigen, als er sich ihm in seiner persönlichen Qualität persönlich und selbsttätig verpflichtet. *Der andere Zweck der Nationalökonomie ist demnach, da der Staat unaufhörlich die ökonomische Existenz des einzelnen garantiert, inwiefern der einzelne für die ökonomische Erhaltung des Ganzen lebt, die Belebung des Verhältnisses der Personen und Sachen zum Staate.*

Da nun aus dem Verhältnisse des Menschen zu den Sachen sich die zu den Personen und die zum Staate ganz von selbst und notwendig ergeben: da der Mensch an allen Orten und zu allen Zeiten in ökonomischer Rücksicht zu den Sachen in dreifacher Relation steht, zuerst um ihrer selbst willen, dann um der Personen und endlich um des Staates willen, wie er in juristischer Rücksicht in dreifachem Verhältnis zu den Personen steht, zuerst um der Personen willen (in dem jure personarum), dann um der Sache willen (in dem jure rerum im weitesten Sinne des Wortes, wohin dann das jus obligationum gleichfalls gehört) und endlich um des Staates willen (in dem jure publico) – so entstehen drei große Grundformen des Eigentums, die allenthalben, wenn der natürliche Zustand der Dinge keine Störung erlitten, auf der gleichen Stufe der Ausbildung stehen werden, weil sie sich alle untereinander verbürgen: zuvörderst *reines Privateigentum* oder Verhältnis des Menschen zu den Sachen um ihretwillen, dann *korporatives Eigentum,* da der Mensch vermittelst persönlicher Verpflichtungen in einem Verhältnisse zu den Sachen steht, wohin alle Arten des Familien- und Gemeindeeigentums und das Fideikommissarische, das Lehen, kurz alle die Formen des Eigentums gehören, die von persönlichen und Dienstverpflichtungen unzertrennlich sind, endlich *Staatseigentum,* da der Mensch im Verhältnis zu den Sachen um der Erhaltung des Ganzen willen steht.

Wenn wir die Sache wissenschaftlich streng nehmen, so tritt diese dreifache Relation bei dem einzelnen Eigentume ein, und da sich alle drei untereinander verbürgen und bedingen, so hat der einzelne überhaupt nur ein Eigentum, inwiefern er das Objekt desselben zugleich als Privateigentum, als korporatives und als Staatseigentum betrachtet und behandelt, mit anderen Worten, inwiefern er die ihm eigentümliche Sache mit den Personen zu teilen und dem Staate hinzugeben allezeit bereit ist. In diesem Sinne nur hat er auch das Eigentum seiner eigenen Person, und das führt seine ganze Stellung als Glied eines großen Ganzen unaufhörlich mit sich, daß er seine sächliche und persönliche Eigentümlichkeit zu teilen und aufzuopfern an allen Orten bereit sei. Das wird das Kennzeichen sein, ob er sich jenes Ideal eines vollständigen und dauerhaften Menschen, das er in sich trug, und das nur die Gesellschaft im Ganzen realisieren kann, tüchtig und innig angeeignet hat; ob sein Streben nach Fülle und Unvergänglichkeit, worin sein menschlicher Charakter und seine Vernunft sich offenbart, wirklich befriedigt ist; und ob er das einzig sichtbare Eigentum erlangt hat, zu dem er nur herangelockt wurde durch den vergänglichen Schein des Privateigentums, wie er überhaupt zu allen höheren Befriedigungen seines Daseins durch den gemeinen Hunger und Durst herangewöhnt worden ist.

Dem gemeinen Auge erscheint nur da, wo ihm Privateigentum zugestanden wird, wirkliche Befriedigung; wo es teilen muß oder mit dem Ganzen besitzt, sieht es nur Nießbrauch – gerade wie dem kindischen Auge die Erde zu ruhen und der Himmel sich zu bewegen scheint. Dringt aber dieses Auge in die Wesenheit der Verhältnisse, so sieht es das wirkliche Eigentum nur in dem gemeinschaftlichen Besitz und in allem Privateigentume nur Nießbrauch und Vergänglichkeit, obwohl einen für das Ganze sehr wesentlichen Nießbrauch und eine unentbehrliche Vergänglichkeit, weil das höhere und dauerhafte Eigentum dadurch erst möglich und sichtbar wird. Nun ist es entdeckt, daß der Himmel ruhe und die Erde sich bewege, daß das wahre Eigentum des nach Sicherheit und Ruhe strebenden Geistes dort hinüber fallen müsse und nicht hierher, und daß durch den früheren Schein einer ruhenden Erde die Seele nur an ein Bedürfnis der Ruhe herangewöhnt werden sollte, welches aber die Erde allein nicht befriedigen konnte.

Vielleicht gibt es noch eine höhere Stufe des Eigentums, wo, wenn die bewegte Erde in ihrem Verhältnis zu dem ruhenden Himmel, der vergängliche einzelne in seinem Verhältnisse zu dem bleibenden Staate lange betrachtet worden, nun auch die Bewegung des Himmels wie des Staates wahrgenommen wird, und die mit dem Bedürfnis der Ruhe des sicheren Eigentums nun ganz verwachsene Seele ein ganz unbedingtes Eigentum und eine ganz ungestörte Ruhe entdeckt. – Hier nun ist die Andeutung möglich, aber eine zur Vollständigkeit meiner Darstellung sehr wesentliche Andeutung: denn das ist die Gründlichkeit der Behandlung eines solchen Gegenstandes, daß er an alle höheren Bedürfnisse des Menschen, an seine vollständige Natur angeknüpft werde und nicht bloß durch seine innere Fülle und Ordnung gelte, die, wie die Unzulänglichkeit der bisherigen vorwitzig abgeschlossenen Theorie zeigt, auch nur in Verbindung mit der übrigen äußeren Weltordnung zu zeigen ist.

Ich kann nicht, wie es bisher geschehen, in der Nationalökonomie die Sachen und ihre Herbeischaffung von den Personen trennen; denn das ganze Leben der Sachen, ihr sich Vermählen untereinander und Produzieren, kommt ja aus den Personen: deshalb muß ich so gut wie der Jurist vor allen Dingen vom Eigentum handeln: er betrachtet das Eigentum vielmehr, wie es durch den Willen der Menschen *ist*, der Ökonom vielmehr, wie es durch die Natur der Sache und der Verhältnisse *wird*. Der ganze Nationalreichtum aber ist in letzter Instanz nur insofern etwas wert, als er einer bestimmten Nation natürlich und sicher und unauflöslich angeeignet ist, wie auch von ihr behauptet werden könne: Da nun der gegenwärtige Jurist nur nach dem Willen fragt, der das Gesetz gegeben und das Eigentum konstituiert hat; die Macht hingegen, welche die Gesetze ausführt und das Eigentum behauptet, nur präsumiert, so begreift ein Kind, daß die sichere Aneignung, von der alle Werte unseres Reichtums und alle Bürgschaft unseres ökonomischen Erwerbes abhängen, nicht von der dermaligen Rechtslehre garantiert werden könne. Demnach müssen wir uns diese Garantie selbst schaffen und unseren Reichtum so entstehen und wachsen lassen, daß er sich selbst behaupten könne.

Es kommt eine Zeit, und sie ist nicht entfernt, denn der Motive, ihre Ankunft zu beschleunigen, gibt es unzählige, wo auch die Rechtslehre sich mit einer bloßen Präsumtion der Macht oder mit einem bloß idealischen Rechte nicht mehr begnügen und wo sie, wie wir, einsehen wird, daß sie nur bestehen könne, inwiefern sie sich mit uns in den Mittelpunkt alles politischen Lebens begibt.

Indes merke der Leser wohl die bedeutende Abweichung unserer Lehre von der des Locke, Hume, Adam Smith und der Ökonomisten, daß wir nämlich vor allen Dingen von der Idee des Eigentums ausgehen, die bei jenen Autoren ohne weiteren Anspruch der Jurisprudenz höflichst überlassen worden ist.

II. WIRTSCHAFTSLIBRALISMUS, KAPITALISMUSKRITIK UND SOZIALE FRAGE

Vom Boden seiner organisch-solidarischen Gesellschaftslehre her formuliert Adam Müller in Deutschland die erste nationalökonomische und zugleich gesellschaftsethische Kritik der wirtschaftsliberalen Theorie Adam Smiths.

Die spätere historisch-ethische Schule der Nationalökonomie (Roscher, Hildebrand, Knies), die Kathedersozialisten im ausgehenden 19. Jahrhundert, die katholisch-soziale Bewegung in Kaiserreich und Weimarer Republik gründen ihre Anstrengungen im sozialökonomischen Bereich als einem der drängendsten epochalen Problemfelder ausdrücklich auf einen Ideenstrom, der mit Adam Müller beginnt.

Darüber hinaus kann festgestellt werden: Wirtschaft und Sozialkritik stellen das zentrale Anwendungsfeld der organisch-solidarischen Gesellschaftsethik Müllers dar. Bemerkenswert ist der Weitblick, mit dem er eine Generation vor dem Auftreten von Karl Marx – der im übrigen Müller häufig, wenn auch durchweg kritisch-abwertend zitiert – die Wirtschafts- und Sozialordnung als Schicksalsfrage des 19. Jahrhunderts erkennt. Mit allem deckt Müllers Kapitalismuskritik ein Problemfeld ab, das in Frankreich und England vom – in Deutschland nicht etablierten – Frühsozialismus beherrscht wird.

Kritisiert werden falsche Begriffe der produktiven Arbeit und der gesellschaftlichen Bedürfnisse im Werk Adam Smiths. Dieser vertrete eine Ökonomie, die nur die „rohe Produktion der Hände und das rohe Begehren des wirklichen Marktes und der wirklichen Nachfrage“ kennt, denn Smith „haftet an dem buchstäblichen Sinne des Wortes *Tauschwert*“ (Die Elemente der Staatskunst, Neunzehnte Vorlesung).

Dies wiederum gründe auf einer verfehlten Definition der individuellen und gesellschaftlichen Bedürfnisse. So berücksichtige Smith nicht „die gesamten gleichnotwendigen Bedürfnisse des Menschen“, nicht die „geistigen Bedürfnisse“, noch nicht einmal den Dienstleistungsbereich aller geistigen Berufe (Die Elemente der Staatskunst, Neunzehnte Vorlesung). Smith glaube daher, „die ökonomische Ordnung der Dinge erreicht zu haben“, wenn man dem, was bloßen Warencharakter hat, den „Augenblicklichkeiten gestattet, sich frei untereinander ins Gleichgewicht zu setzen“ (IV, 40).

Eine solche Ordnung, die eine unsichtbare Hand, eine „in den Sachen verborgene, dunkle, anordnende Gewalt" (IV, 40) gesellschaftlicher Selbstregulierung als „Gesetz der Natur" (II, 10) statuiert, erhebt das Wertedefizit zum System: Es fehlen die außerökonomischen Werte, die „höheren moralischen und ewigen Bedürfnisse der Menschen" (IV, 40).

Die Smithsche Ökonomie, der Trennung von Natur und Ethik im mechanistischen, kartesianisch-Newtonschen Weltbild der Aufklärung folgend, errichte „eine absolute unübersteigliche Mauer zwischen dem physischen und moralischen, zwischen dem realen und idealen Besitz" (Die Elemente der Staatskunst, Zweite Vorlesung), als ob „ein Gesetz in dem Reiche der Wirklichkeit", d. h. in der äußeren sichtbaren Natur, „ein ganz anderes Gesetz über die Ideen und alle Erzeugnisse der inneren Natur des Menschen" und somit über die Ethik walte (I, 1).

Aufgabe einer am Gemeinwohl orientierten Wirtschaftsordnung dagegen sei es, die ökonomischen und außerökonomischen Bedürfnisse „im Gleichgewicht zu erhalten", in ein „gerechtes Verhältnis" nach Qualität, nicht bloß nach „Quantität" zu setzen, konkret nach „Linien und nicht nach Zahlen" zu fragen, denn Zahlen manifestieren nur, „wie stark das Bedürfnis, aber nicht welcher Art es sei" (II, 11).

Smith huldige ferner einem individualistischen Gemeinwohlverständnis, wonach das Gemeinwohl die bloße mechanische Addition der Einzelinteressen der Individuen bedeute. In Wahrheit sei das Gemeinwohl im Sinne des organischen „Ganzen", des „Gemeinwesentlichen", des „Gemeinguts" qualitativ „unendlich mehr als die Summe der einzelnen Reichtümer" oder der Einzelinteressen der Bürger (Versuche einer neuen Theorie des Geldes, Einleitung, Erstes Kapitel).

Die folgende Nationalökonomie hat stets anerkannt, daß Müller als erster in Deutschland zentrale Kritikpunkte und Schwächen der Smithschen Theorie zutreffend erfaßt hat. Müllers entsprechende Pionierrolle und herausragende Einzelleistung wird u. a. dadurch verstärkt und begünstigt, daß die damaligen deutschen Smithianer im Bestreben, den Universalismus der Ethik Kants mit dem, wie angenommen, über Zeit und Raum erhabenen System Adam Smiths zu verbinden, eine eigentliche und operationable sozialethische Durchdringung der Smithschen Wirtschaftstheorie schon wegen des Formalismus und der auf freie Tätigkeit des Individuums gerichteten apriorischen Kantschen Ethik nicht vollziehen konnten.

Müller agiert auf der Basis seiner organischen Gesellschaftslehre gegen einen „mechanischen" und individualistischen Wirtschaftsliberalismus, wie er in Deutschland auf zwei Ebenen in Erscheinung tritt: Zum einen auf der Ebene der Smithschen Theorie, wie sie besonders an den Universitäten Göttingen und Königsberg vertreten wird, zum anderen auf der Ebene der politischen Praxis in Gestalt der nach 1800 einsetzenden wirtschaftsliberalen Reformen in Preußen (Bauernbefreiung und uneingeschränkte Mobilisierung von Grund und Boden, 1807; Einführung der Gewerbefreiheit und einer allgemeinen Gewerbesteuer, Aufhebung der Zünfte durch das Finanz- und das Gewerbesteueredikt, 1810). Angesichts der – im Vergleich mit England und Frankreich – noch bemerkenswert rückständigen wirtschaftlichen Strukturen in Deutschland erweisen sich die Reformen weithin als verfrühte und übereilte Maßnahmen.

Diese ohne eine wirkliche Akzeptanz durchgeführte Politik (die Zünfte z. B. werden im Widerstand gegen die Regierung in privatrechtlicher Form fortgeführt) mit ihren besonders im bäuerlichen Bereich infolge der übereilten Durchführung sozial außerordentlich negativen Folgen (für die Bauernbefreiung waren im Zuge der Regulierungsmaßnahmen Landabtretungen an den Grundadel zu leisten, welche vielen Höfen die Existenzgrundlage entzogen) litt an inneren Widersprüchen, wie sie mit den primär fiskalisch und absolutistisch-merkantilisch orientierten Zielsetzungen der Regierung zur Hebung der staatlichen Finanzkraft im Kontext der napoleonischen Kriege gegeben waren.

Insgesamt setzten die wirtschaftsliberalen preußischen Reformen unter Aufhebung der ständischen Ordnung Kräfte frei, die bisher ständisch-sozial gebunden waren und künftig ohne eine solche Bindung agieren.

Müller erkennt diese Lücke vom Beginn ihres Entstehens an. Er ist bestrebt, sie mit dem Solidarismus einer, zeitgemäß erneuerten und reformierten, organisch-ständischen Ordnung zu überwinden. Bei allem ist eine Besonderheit zu beachten: Der Industrialisierungsprozeß setzt in Deutschland erst um 1850 ein, gegenüber England mit einer Verzögerung von mehr als fünfzig Jahren.

Bis zur Jahrhundertmitte bleiben in Deutschland Landwirtschaft, Handwerk und Hausgewerbe ökonomisch dominierend, ein ausgeprägter Kapitalmangel sowie ein halbfeudaler Schwebezustand bestimmend, in Preußen ca. achtzig Prozent der Bevölkerung in der Landwirtschaft beschäftigt. Die seit dem 18. Jahrhundert immer rascher sich vollziehende Bevölkerungszunahme hat in Deutschland ein seit den dreißiger Jahren des 19. Jahrhunderts zunehmend diskutiertes Landarbeiter- und Handwerkerproletariat, also noch kein breites Industrieproletariat zur Folge.

Müller bezeichnet sich als einen, „der beides will: das vergängliche Fabriksystem, wo es hingehört, und die alten ewigen korporativen und ständischen Einrichtungen, wo sie hingehören" (II, 16); als einen, der stets bereit war, „wenn es darauf ankam, das *echte, wohltätige* Fabriksystem, die wahre Industrie und selbst die Wundermacht des Geldes, inwiefern dies alles in seinen natürlichen Schranken blieb, mit Begeisterung zu verteidigen" (II, 16).

Im Ganzen ist zu bemerken, daß Müller sich also keineswegs absolut gegen das „Fabriksystem" stellt, vielmehr in Orientierung an den damaligen, vergleichsweise rückständigen deutschen Verhältnissen ein Konzept vertritt, in dem dieses System eingebunden und balanciert wird durch eine sozialökonomische Ordnung mit organisch-ständischer Sozialpflichtigkeit.

Eine Linie wie diese verfolgen nach Müller etwa Baader, Buß, Peter Franz Reichensperger, Ketteler, Vogelsang, auch der junge Hitze und der frühe Pesch, in transformierten Formen.

In seinen Analysen eilt Müller der deutschen ökonomischen und sozialen Entwicklung weithin warnend voraus und orientiert, wie später auch der frühe Karl Marx, seine sozialökonomische Kritik in erster Linie am Beispiel der längst konsolidierten wirtschaftsliberalen und industriellen Transformationsprozesse in England.

Den heutigen Leser wird überraschen, wie vergleichsweise umfassend und treffsicher der Staatswissenschaftler Adam Müller im Zuge der wirtschaftsliberalen Transformationen lange vor dem Auftreten von Karl Marx und Friedrich Engels in soziologischen und sozialethischen Analysen, mit sicherem Blick für die Gefahren epochaler Entwicklungsrichtungen in Deutschland die sozialen Grundsatzfragen der Zukunft bereits prophetisch vorwegnimmt, d.h. elementare Probleme der Proletarisierung, der „Entfremdung“ der Arbeit und der sozialen Beziehungen und schließlich der sozialökonomischen Klassenbildung und Klassenspannung seiner Zeit vorausschauend bewußt zu machen versucht.

Der mechanischen Spaltung in „Klassen“, die „feindselig gegeneinandergestellt“ sind (II, 19), setzt Müller den Solidarismus organisch-ständischen Charakters entgegen. Danach sind „die Stände ... das einzige Mittel, Kasten zu verhüten“ (Über König Friedrich II und die Natur, Würde und Bestimmung der Preußischen Monarchie, Sechzehnte Vorlesung). Im Manifest der Kommunistischen Partei (1848) ist später von einem ständischen, „feudalen Sozialismus“ die Rede.

Ideengeschichtlich eröffnet Müllers Argumentation die, besonders im deutschen Sozialkatholizismus, über Generationen geführte Diskussion über „Stand“ und „Klasse“ bzw. über „Entproletarisierung“ durch „Standwerdung“, bis hin zu den unter den Bedingungen der modernen Industriegesellschaft vollzogenen Transformationen in das organisch-solidarische und organisch-subsidiäre, vom Müllerschen naturständischen Ansatz gelöste und nunmehr allein soziologisch-funktional begründete Konzept der „berufsständischen“ bzw. „leistungsgemeinschaftlichen Ordnung“ (Heinrich Pesch, Gustav Gundlach, Oswald von Nell-Breuning).

Die berufsständische Idee bleibt bis in das Jahrzehnt nach 1945 die ausdrücklich *organisch*-soziale Leitidee des deutschen Sozialkatholizismus, gegen Klassengesellschaft, individualistischen Liberalkapitalismus und kollektivistischen Sozialismus.

10.

Gegen die liberale These von der gesellschaftlichen Selbstregulierung der Interessen

Versuche einer neuen Theorie des Geldes mit besonderer Rücksicht auf Großbritannien. Leipzig und Altenburg 1816. Grundlegungen einer neuen Theorie des Geldes, Zweites Kapitel: Von der Kugel, als ökonomisches Schema, S. 147–151.

Scharf wendet sich Müller gegen die These einer naturhaften, mechanischen Selbstregulierung der gesellschaftlichen und individuellen Interessen im freien Konkurrenzprozeß. Falsch sei die Smithsche Annahme, man lasse den „Privatmann gewähren", „der Eigennutz reguliert diese Dinge am besten" (II, 19); „man lasse die Ballen der Waren nur sich untereinander ins Gleichgewicht setzen und den Mechanismus der Gewerbe in sich selbst forttreiben, so wird der Mensch schon folgen müssen" (IV, 40); jede Regulierungsmaßnahme könne nur „unterbrechen und stören" (II, 19).

In Wahrheit regiere bei Smith allein die „Willkür der Privaten", von der fälschlich angenommen werde, daß ihr die eigenen „Bedürfnisse" und Interessen im Hinblick auf das Gemeinwohl schon von selbst „hinreichende Zügel anlegen" (II, 10). Übertrieben sei daher die These, der einzelne werde aus Selbsterhaltungstrieb schon von sich aus „das Rätlichste und Nützlichste" tun (II, 10).

Ein, von Smith in der Tat vom Newtonschen Gravitationsgesetz abgeleitetes, gesellschaftlich selbstregulierendes „Gesetz der Natur" sei nicht existent (II, 10). Die Folge seien bloße „Anarchie" (II, 10) und das Festhalten an einer irrtümlichen „Lehre, die statt aller Prinzipien von der einen großen Tatsache der menschlichen Gefräßigkeit ausgeht und, wie das unvermeidliche Gefressenwerden zu vermeiden sei, an keiner Stelle nachweist" (II, 11).

Der Ethikfremdheit dieser „fatalistischen Theorien der Staatswirtschaft", welche eine unsichtbare Hand, eine „in den Sachen verborgene, dunkle, anordnende Gewalt" (IV, 40) der Selbstregulierung voraussetzen und daher „der äußeren Naturnotwendigkeit die Ausgleichung gesellschaftlicher Zerrüttungen" überlassen (II, 10), stellt Müller die personale handlungsethische Verantwortung auf gesellschaftlicher und sozialökonomischer Ebene entgegen.

Eine „menschliche Handlung sich selbst oder jener äußeren und blinden Notwendigkeit überlassen, heißt, alles menschliche Gesetz überhaupt und zugleich die Freiheit, die Selbstbestimmung des ganzen Geschlechtes" (II, 10), ferner den Glauben „an die Persönlichkeit des Menschen und an seine Oberherrschaft über die Dinge" aufzugeben (IV, 40) und schließlich entgegen jeder tatsächlichen handlungsethischen Verantwortung „in fatalistische Gleichgültigkeit und Trägheit" zu versinken (I, 1). Müller verwendet hierbei bereits Argumente, wie sie später in der Kritik des liberalen, gesellschaftspolitisch und sozialökonomisch passiven „Nachtwächterstaats" vorgebracht werden.

(...) Zuvörderst nun sieht jedermann, daß ich die Willkür der Regierungen, gegen die sich Adam Smith erhebt, ebensowenig in Schutz nehme als die Willkür der Privaten. Es ist aber nichts anderes als die Willkür der Privaten und nicht etwa das Gesetz der Natur selbst, womit Dr. Smith der Willkür der Staatsadministrationen entgegenarbeitet.

Er befürchtet von dieser Willkür der Privaten nichts, weil eine mächtige Notwendigkeit jeden einzelnen zwinge, sein Interesse wahrzunehmen, weil die Bedürfnisse des Menschen, wenn sie allein regieren dürfen, dieser Willkür schon hinreichende Zügel anlegen. Es ist aber schwer einzusehen, warum dieselbe zwingende Notwendigkeit nicht auch über die Staatsadministrationen walten soll: Auch hier kann eine Abweichung von dem Naturgesetz oder von dem wahren Interesse nur augenblicklich sein; auf die Dauer wird jede Regierung ebensowohl wie jeder Privatmann in die wahren Schranken zurückkehren müssen. Weil aber die Regierung eine andere Zeitrechnung hat als der Privatmann, weil aus ihrem Standpunkte die Dauer ganzer Generationen nicht viel mehr bedeutet als für den einzelnen die Dauer eines Jahres, weil sie die hinterlassene Macht ganzer Generationen zur Ausführung ihrer willkürlichen Anordnungen mißbrauchen kann, während dem einzelnen doch im Durchschnitt nur die im Laufe weniger Jahre erworbene Kraft zur Disposition steht, so scheint es, daß bei ihr die Augenblicke der Verirrung, der Abweichung vom Naturgesetz auch länger dauern könnten als beim Privatmann, daß also ihre Willkür eine gefährlichere wäre als die des Privatmannes.

Wenn man sich dagegen erinnern will, daß die Anarchie eines einzigen Jahres mehr zu zerstören vermag als der Despotismus über eine ganze Generation, so wird man einsehen, daß das Unheil, welches aus beiderlei Willkür kommt, gleich groß ist, und daß, wenn die Willkür der Regierungen für einen Augenblick geringeres Übel stiftet, dagegen länger zu dauern vermag, die Willkür der einzelnen zwar vorübergehend ist, dagegen aber für den Augenblick auch desto mehr zerstöre. Das große Gebot, die ewigen Bedürfnisse der Gesellschaft gegenwärtig zu halten und nach ihnen die Handlung und die Arbeit des Augenblicks zu bestimmen, wird auf gleiche Weise verletzt, es möge nun von einem für die Dauer einer ganzen Generation oder von unzählig vielen für die Dauer eines Jahres übertreten werden.

Jede Lehre, die der äußeren Naturnotwendigkeit die Ausgleichung gesellschaftlicher Zerrüttungen überläßt oder überträgt, ist *revolutionär*; von welcher Seite man auch diese blinde Gewalt der Natur in den Staat einlasse, so erklärt man damit doch immer den Bankrott der menschlichen Einrichtungen und Gesetze oder jener sittlichen, deutlichen Notwendigkeit, welche wir aus der Geschichte der Entwicklung unseres bürgerlichen Vereins und aus allen Spuren, welche die früheren Schicksale und Taten der Völker hinterlassen haben, entnehmen können. Irgendeine menschliche Handlung sich selbst oder jener äußeren und blinden Notwendigkeit überlassen, heißt, alles menschliche Gesetz überhaupt und zugleich die Freiheit, die Selbstbestimmung des ganzen Geschlechtes aufheben.

Jeden einzelnen würde sein Lokal, der besondere Umstand seines Gewerbes und Lebens von selbst antreiben, das Rätlichste und Nützlichste zu tun, meint Dr. Smith. Daraus folgt, wenn wir nicht zugleich, was freilich konsequenter gewesen wäre, den ganzen Staat aufheben wollen, daß auch der Regierende von seinem Lokal, welches der ewige Staat selbst ist, und von den Umständen seines Geschäfts, welches doch nur die Bedürfnisse der gesamten Gesellschaft sind, bestimmt werden wird, das Rätlichste und Beste zu tun. Wir können also die Willkür der einzelnen nicht proklamieren, ohne zugleich die Willkür der Regierung zu legalisieren und demnach das Remedium, das wir verordnet, selbst wieder von Grund aus aufzuheben.

Ich habe schon hinreichend erwiesen, daß der Mensch um einem Herrn zu dienen, um einem Gesetz folgen zu können, in zwei nicht voneinander absolut getrennten, sondern in einer unendlichen Wechselverbindung stehenden Welten leben müsse. Er lebt in gewissen Doppelumständen auf einem gewissen Doppellokal: in seinem Hause und zugleich im Staate: mit besonderem Interesse und zugleich mit einem allgemeinen Interesse. Er hat augenblickliche Bedürfnisse für sein Haus, aber zugleich das ewige Bedürfnis des Staats, weil nur der Staat ihm sein Haus verbürgen kann; der Regierende, oder wer den Staat repräsentiert, hat Bedürfnisse für die Dauer, die Erhaltung des Staates oder doch wenigstens seiner Stellung als Repräsentanten des Staates, er hat also auch zugleich das beständige Bedürfnis aller einzelnen Hauswesen, die wieder den Staat verbürgen müssen.

Aber beide stehen unter dem mächtigen Einfluß der Gegenwart, der Irrtümer des Augenblicks und können, sich selbst zerstörend, einander vergessen. Indem ich nun erkläre, jeder einzelne möge nach Willkür sein besonderes Lokal besorgen; indem ich ihm also auch die Befugnis erteile, des allgemeinen Bedürfnisses zu vergessen, und, inwiefern nicht die augenblickliche Erscheinung dieses allgemeinen Bedürfnisses oder der Markt ihn beschränkt, alle anderen Schranken und Gesetze aufhebe, die um des ewigen Bedürfnisses willen wieder dem augenblicklichen Markt seine gehörigen Grenzen anweisen müssen, hebe ich die Bezüglichkeit jeder einzelnen ökonomischen Funktion auf die Vereinigung, davon sie ausgegangen und dahin sie immer zurückkehren soll, auf: Ich versuche jeden Augenblick das Ganze zur Kreisfläche anzuordnen, da ich aber keinen festen und bleibenden Mittelpunkt habe, vielmehr statt desselben nur ein ewig unveränderliches Wesen, den Markt, so bleibt es bei unregelmäßigen Wirbeln statt des Kreises und an die Kugel ist nicht zu denken. (...)

11.

Verfehlen des „Gleichgewichts“ zwischen den ökonomischen und außerökonomischen „Bedürfnissen“ der Gesellschaft im Wirtschaftsliberalismus

Versuche einer neuen Theorie des Geldes mit besonderer Rücksicht auf Großbritannien. Leipzig und Altenburg 1816. Einleitung, Neuntes Kapitel: Vom Bedürfnis, S. 105–117.

Das, was wir in unserer bisherigen Darstellung Konsumtion genannt haben und was zur Produktion in demselben Verhältnis steht wie der Tod zur Geburt, erscheint, wenn wir von der Produktion absehen, als Lebensgenuß; und inwiefern wir uns die Konsumtion als den Antreiber aller Produktion denken, so nennen wir sie *Bedürfnis.* Wenn aber die Produktion vom Bedürfnis regiert wird – befruchtet wird, möchte ich sagen – und sie auch nichts anderes erzeugen soll, als etwas bestimmt Verlangtes, Begehrtes, ein Bedürfnis im objektiven Sinne des Wortes, so versteht es sich wohl von selbst, daß es der Staatswirt nie und nirgends mit der Produktion an sich zu tun haben kann, sondern immer nur mit dem Verhältnis der Produktion zum Bedürfnis oder mit der Produktion, inwiefern diese durch das Bedürfnis eine bestimmte Richtung erhalten hat.

Alle einzelnen Bedürfnisse lassen sich, wie ich schon oben gezeigt, auf ein einzelnes Hauptbedürfnis reduzieren: Der Mensch will sich vervollständigen, verewigen; er will sich über die eigene Gebrechlichkeit, Unvollständigkeit, Vergänglichkeit zur Gesundheit, zur Fülle und Dauerhaftigkeit des ganzen Geschlechtes erheben, in welchem er lebt, sich selbst erkannt hat, seiner selbst bewußt geworden ist; darum bedarf er der Speise und des Trankes, er bedarf seinesgleichen, er bedarf der Personen entgegengesetzten Geschlechts, er bedarf des Staates, ja er bedarf des Staatenvereins in einem weltumfassenden Glauben, d. h. der Kirche.

Kurz, er bedarf Homogenes und Heterogenes. Wollte er die ganze Welt als Homogenes sich aneignen, verspeisen, sich als Privateigentum unterwerfen, so wäre dies freilich, falls es gelingen könnte, ein Weg der Vervollständigung: die Fülle des Raumes würde er sich aneignen, aber die Zeit, welche er versäumt hätte, würde sich an ihm rächen; das ebenso lebhafte Verlangen nach Dauer und Ewigkeit bliebe nicht bloß unbefriedigt: je mehr er sich durch die Eroberung des Raumes an Umfang erweiterte, je mehr (wenn ich mich so ausdrücken darf) Vergänglichkeiten er sich aneignete, in so viel Bildern mehr sähe er den Untergang der einzelnen Dinge vor Augen, um so mehr hätte er sein Dasein verkürzt. Anstatt sich an ein dauerhaftes Ganzes anzuschließen und seine Vergänglichkeit durch die Ewigkeit dieses Ganzen aufzuheben, hätte er es unternommen, die Bestandteile dieses Ganzen in die Sphäre seiner Vergänglichkeit hinüberzureißen.

Um die Welt zu erobern, muß er sie vereinzeln, in ihre Bestandteile zerlegen; er muß sie teilen, um sie zu besitzen (divide et impera); er muß ihre Ganzheit aufheben, um sie ausschließend zu beherrschen; sie gewährt ihm also auf diesem Weg gerade das nicht, was er verlangt und bedarf.

Nichtsdestoweniger kann dieses Bedürfnis der Fülle und dieser Drang nach der Ewigkeit befriedigt werden; es gibt nur einen Weg dazu, der zugleich der allernatürlichste ist, der aber früh verloren gegangen und nur durch ein göttliches Licht hat wiedergefunden werden können und von den Weisen der Erde doch wieder vergessen worden ist. Er heißt: Liebe Gott über alles und deinen Nächsten wie dich selbst! Und um dies höchst dunkle und mystische Wort den Philosophen und Ökonomen dieser Tage zu übersetzen: Erfülle dich ganz von der innersten Eigenheit deiner Natur, von dem Drange nach der Ganzheit, die den Raum und die Zeit, die jene Vollständigkeit und Ewigkeit, welche du begehrst, umfaßt, und dann um dieser Ganzheit willen erkenne außer dir deinesgleichen an, erkenne, daß er außer dir unerobert, unüberwindlich bleiben muß, damit deine Innerlichkeit einen Gegenstand unendlicher Aneignung, d.h. der Liebe habe.

Also, damit das Bedürfnis aller Bedürfnisse befriedigt werden könne, muß der Mensch ein unendliches Verlangen der Aneignung empfinden: Hunger und Durst und tausendfältige Mängel pflegen und bestärken dieses Verlangen; aber damit dieses Verlangen nicht unabhängig für sich, ohne ein anderes beschränkendes und dämpfendes Element, wie ein sich selbst überlassenes, verzehrendes Feuer rase, muß es gehemmt werden durch seinen Gegenstand, muß ihm ein unendliches Versagen zur Seite gehen. –

Die Sachen scheinen diesem verzehrenden Verlangen unbedingt unterworfen; aber da sich, nach der Einrichtung dieser Welt, die Sachen nicht aneignen lassen als vermittelst der Personen, da bald die Personen selbst zum Gegenstand des allerungestümsten Verlangens werden, dieses Verlangen aber nur deshalb so ungestüm ist, weil es nichts Äußeres an den Personen, sondern ihre innere Persönlichkeit selbst begehrt, diese Persönlichkeit aber nur begehrt werden kann, inwiefern sie das Bleibende ist, unter allen vergänglichen Außenwesen also begehrt wird, und doch zugleich ewig unerreichbar ist für alles Begehren, so muß der Mensch aus diesem Widerspruch zurückkehren, mit dem Bewußtsein eines Doppelverlangens: er muß anerkennen, daß seinem Drange nach der Aneignung zugleich das andere Verlangen verborgen liegt, daß die Dinge beharren möchten in ihrer Eigenheit, damit eine unendliche Aneignung möglich sei: diese unendliche Aneignung nennt die Religion: Liebe und befiehlt: Gott selbst anzuschauen als diese Liebe.

Das Bedürfnis aller Bedürfnisse, das Bedürfnis nach der Ganzheit und Ewigkeit, wird also befriedigt durch die Erkenntnis der Vereinigung des Ganzen in der Liebe und durch die unendliche Ausübung der Liebe, indem die Eigenheit und Unüberwindlichkeit aller Gegenstände der Liebe anerkannt wird.

Kein Bedürfnis des Lebens wird auf eine andere Weise befriedigt: Mit jedem Bissen für unseren Hunger, mit jedem Tropfen für unseren Durst wollen wir zugleich die Beruhigung speisen und trinken, daß wir diese Begierden immer werden befriedigen können, daß alle anderen Bedingungen dieser Befriedigung dauern werden, daß auch der Nächste, dessen liebevollen Beistand wir brauchen um dieses Brotes und dieses Weines willen, sich derselbigen Befriedigung erfreue, daß also das Band fortdauere, welches die Tage untereinander, die Geschöpfe der Tage untereinander und diese regelmäßig mit jenen verbindet.

Kann es nun, frage ich, ein größeres Zeichen der Zerrüttung aller gesellschaftlichen Ansichten und Verhältnisse geben, als daß eine Theorie der Haushaltung erfunden und für eine Wissenschaft anerkannt werden kann, in der von jenem Bedürfnis aller Bedürfnisse nicht die Rede ist, in der die Dinge für sich, abgesondert von jenem Geist, von jenem Verhältnis zueinander, von jenen Neigungen und Kraftrichtungen, in denen sich ihr eigentliches Leben offenbart, abgesondert von jenem Mittelpunkt, welches die Liebe ist, betrachtet werden; eine Lehre, die von dem, was in der Speise eigentlich der Hunger, was in dem Trunk eigentlich den Durst löscht, nichts weiß; eine Lehre, welche die Menschen aus der Welt herausproduzieren, sie mit Produkten herausdrängen will, und welche das Geheimnis der Produktion auch des geringfügigsten Handwerks nicht kennt, kaum danach fragt; die dem Menschen zeigen will, wie er die Welt durch eine kümmerliche Industrielist erobern und sich als Privateigentum unterwerfen kann, während sie ihm das unscheinbarste Eigentum auch nicht auf einen Tag zu garantieren vermag; eine Lehre, die statt aller Prinzipien von der einen großen Tatsache der menschlichen Gefräßigkeit ausgeht und, wie das unvermeidliche Gefressenwerden zu vermeiden sei, an keiner Stelle nachweist: kurz, eine Lehre vom Reichtum, die von dem Wert der Dinge keine Rechenschaft zu geben weiß.

Da alle Bedürfnisse zuletzt auf das eine Hauptbedürfnis der bürgerlichen und menschlichen Gesellschaft zurückkehren, welches, wie ich hinlänglich erwiesen, nur durch und mit Gott zu befriedigen ist; da alle Produktion, wie ich gleichfalls gezeigt, eigentlich keinen Überschuß in Sachen, sondern nur den höheren Kredit, den höheren Glauben an die bürgerliche Gesellschaft und somit in letzter Instanz den höheren Glauben an die göttliche Idee, wodurch die bürgerliche Gesellschaft zu einem Ganzen wird, bezweckt – so muß uns der bloße, gewöhnliche widerspruchslose Verstand zugeben, daß eine genügende Ansicht der Staatswirtschaft solange unmöglich war, als man bei dem mechanischen Umtriebe der äußeren produzierenden Kräfte allein verweilte, als man nur den handgreiflichen Dingen ein ökonomisches Gewicht zugestehen wollte und die unsichtbare Macht, welche dem menschlichen Bedürfnis seine Richtung und somit aller Produktion ihre Form gibt, durchaus nicht als ökonomisches Moment anerkennen wollte. Für das Verzehren, meinte man, laßt die Natur sorgen (d.h. die rohe, wilde Natur, die der bürgerlichen Ordnung gegenüber billig Zufall genannt werden muß) – ihr habt nur soviel als möglich zu produzieren, damit allezeit mehr vorhanden sei, als konsumiert werden kann. –

Was Wunder, daß die Menschheit in aller ihrer Produktenfülle zu verschmachten Gefahr lief! Auf die höheren Bedürfnisse, auf das Bedürfnis aller Bedürfnisse, auf den Frieden, der jedem Dinge innewohnen muß, damit es befriedigen kann, war keine Rücksicht genommen; die ganze Produktion hatte für ein fabelhaftes Zwittergeschlecht gearbeitet, für ein Bündel isolierter, gebildeter, eleganter, sich unabhängig wähnender Sklaven, die weder Gottes noch der Gesellschaft bedürfen: indessen sehnte sich und rang das wirkliche Geschlecht noch immer, wie vor alters, nur unbestimmter, unbefriedigter und unglücklicher nach Vereinigung, nach jenem unschätzbaren Beigeschmack der Sicherheit des Glaubens in allem Genusse, nach der Gemeinschaft mit allen, in der genossen werden muß, wenn der Genuß von ihr verbürgt werden soll. – Massen, Summen und Zahlen können den eigentlichen Durst nicht stillen; der zerrüttete Markt kann das Bedürfnis nicht befriedigen: nur die Allgegenwart des Kredits kann es. –

Der Staatswirt also vermag die Produktion nicht zu treiben als durch das Bedürfnis; durch das Bedürfnis des einzelnen Augenblicks kann er sie aber nicht treiben wollen, weil das Bedürfnis des folgenden Augenblicks alle seine Mühe wieder aufheben würde; er fragt also nach dem dauernden Bedürfnis, d.h. wohin das Bedürfnis der Gesellschaft und jedes einzelnen für die Dauer gerichtet sei: er fragt zuvörderst nach Linien und nicht nach Zahlen, denn durch die Zahlen eines Etats würde er nur erfahren können, wie stark das Bedürfnis, aber nicht welcher Art es sei. Seine Bestimmung aber ist nicht, jedes einzelne Bedürfnis für sich abzufinden in seiner Quantität, sondern er hat für ein gerechtes Verhältnis der Bedürfnisse untereinander zu sorgen, damit eine verhältnismäßige und gerechte Befriedigung derselben möglich sei. Wenn ein gerechtes Verhältnis unter allen Bedürfnissen und Neigungen stattfinden soll, so müssen diese Bedürfnisse nach einem Mittelpunkt hin konvergieren, das Bestehen des Ganzen, das Heil der Gesellschaft selbst muß dieser Mittelpunkt sein; kurz, allen einzelnen Bedürfnissen und Neigungen muß eine nationale Neigung einwohnen, alle einzelnen Bedürfnisse müssen auf das Bedürfnis aller Bedürfnisse gerichtet sein.

Alle Staatswirtschaft hat also die Bestimmung, zwischen dem Bedürfnis und der Produktion zu vermitteln, d. h. da das ewige Bedürfnis die *Werte*, die augenblickliche Produktion aber die *Preise* bestimmt, zwischen den Werten und den Preisen zu vermitteln; beide und mit ihnen Zeit und Ewigkeit seiner Haushaltung im Gleichgewicht zu erhalten.

Jedermann gibt mir zu, daß die Finanzen eines Staates nicht dirigiert werden können ohne einen Etat, der so weit als möglich alle zukünftigen Bedürfnisse umfaßt; aber mit der Erkenntnis der Etatsumme ist noch nichts erreicht, man muß kennen die Art, wie die Perioden, wann diese Bedürfnisse eintreten werden, und da sich weder das Bedürfnis eines Staates noch die Befriedigung desselben genau vorher berechnen oder untätig abwarten läßt, so muß der Finanzminister Einfluß auf die Leitung dieser Bedürfnisse erhalten; er muß Macht über die Bedürfnisse haben ganz in demselben Grade, als er über ihre Befriedigung hat. Aber es sind nicht bloß die Bestimmungen der auswärtigen Politik, der Krieg, die Bewaffnung, die Diplomatie, der Welthandel, welche die Natur der Staatsbedürfnisse gewaltig verändern: diese Veränderungen sind vorübergehender Art gegen die tiefergreifenden Revolutionen der inneren Haushaltung; ein einziges römisches Gesetz, welches das absolute Privateigentum befördert, eine einzige Verordnung, welche alte, angeborene und angeerbte Untertänigkeitsverhältnisse aufhebt, vermag die Richtung aller Bedürfnisse auf den Staatszweck mehr zu zerstören, als alle Kriege nicht können: der Finanzminister ist also auch ohne Einfluß auf die gesamte Privatgesetzgebung nicht zu denken. In der Praxis, welche nie solcher Ausschweifungen fähig ist als die Theorie, ist dies häufig anerkannt worden.

Wenn nun tausenderlei Beschränkungen und Ausfuhr- und Einfuhrverbote angeordnet werden müssen, um die eigennützige und weltbürgerliche Neigung der Untertanen in die notwendige Richtung auf den Staatszweck hineinzuzwingen, so schreit die Theorie über Tyrannei und Druck, weil das geliebte Privateigentum angegriffen, weil dem Privatleben versagt wird, was es nicht auf nationale Weise und mit nationaler Mäßigung zu gebrauchen versteht; dann sollen gewisse einfache Grundsätze der allgemeinen Konkurrenz und der sogenannten Freiheit verletzt sein, die Produktion soll leiden u.s.f. – Ich habe die Fabel vom Weltmarkt und jener Freiheit bereits hinreichend widerlegt: ich zitiere den eben erwähnten Fall, nur um zu zeigen, wie diese Theorie aus einem natürlichen Instinkt überall da etwas Unheimliches wittert, wo die Richtungen der Kräfte angetastet werden: und man darf nicht übersehen, daß es einer ihrer obersten Grundsätze ist, daß diese Richtungen der ökonomischen Tätigkeit überall der freien Willkür überlassen werden müßten.

Daß ungeachtet allen Geschreis der Theorie, ungeachtet aller ihrer wiederholten Appellation an die Humanität des Jahrhunderts, diese Richtungen der ökonomischen Tätigkeit, anstatt eigenem Belieben überlassen werden können, immer mehr haben beschränkt und bezwungen werden müssen, darüber werden sich die Theorien mit ihrer eigenen Weisheit und mit der Überzeugung von der Kurzsichtigkeit der Regierungen zu trösten wissen, wiewohl in den Augen jedes unbefangenen Beobachters diese eine Erfahrung sie vollständig zu Boden schlägt. Wie sehr man auch an vielen Stellen in Europa mit Rücksicht auf die innere Administration leider dem Drange der Zeiten und der Theorien und der unmittelbaren Geldbedürfnisse nachgegeben hat, wie unverhältnismäßig man auch die Industrie, den Markt, die Mobilisation allen Eigentums u.s.f. begünstigt, die Landwirtschaft selbst in das Gebiet der übrigen Augenblicklichkeiten und Veräußerlichkeiten hinübergezogen und die Richtungen der ökonomischen Tätigkeit im Inneren des Staates der Willkür des Augenblicks preisgegeben hat, so war das Bedürfnis, ein politisches Ganzes, einen abgesonderten Staat zu bilden, doch allenthalben zu groß, als daß man nicht das Hinüberschweifen der ökonomischen Kraftrichtungen über die Grenzen der Staaten aus allen Kräften hätte verhindern sollen. Je mehr also im Inneren der Willkür des Privatmannes überlassen worden war, um so strenger, um so drückender mußten die Schranken um das Ganze werden; je flüssiger und kernloser die Frucht, desto dichter und härter die Schale, während eine leichte zarte Haut dicht und kernicht organisierte Früchte beieinander erhält: Für jedes im Binnenlande freigegebene Gewerbe mußte das Nationalgewerbe im Ganzen enger eingespannt werden; und wurde alle ökonomische Tätigkeit überhaupt der Willkür und dem augenblicklichen Leichtsinn der Industriemänner dieses Augenblicks preisgegeben, so hätte es Not getan, daß man den Staat an seinem Umkreise hätte hermetisch versiegeln können, um wenigstens die Atome des Nationalglücks beieinanderzuhalten. In Staaten hingegen, wo man die feudalistischen Formen der Haushaltung und Dienstverhältnisse geschont hat, soviel es die Umstände erlauben wollten, wo man dem Vorwitz angeblicher Kulturfortschritte weniger nachgesehen, wo man die Frucht in ihrer alten, organischen und kernigen Natur erhalten hat, wie in Österreich, da haben auch die größten Beschränkungen der Industrie und des auswärtigen Handels unverhältnismäßig weniger gedrückt.

Anstatt demnach jene Richtungen des Bedürfnisses und aller ökonomischen Tätigkeit, jenes heilige Skelett der gesamten Staatshaushaltung, das sich im Laufe der Jahrhunderte zu dem eigentlichen Stamm und Träger aller politischen Organe befestigt hat, der Willkür einer von aller gesellschaftlichen Tugend abgewendeten Generation zu überlassen, verlange ich vielmehr, daß alle Produktion des Augenblicks oder des einzelnen Jahres ihr untergeordnet werden soll. Hat der Staatswirt in dem Verhältnis: Bedürfnis und Produktion, das eigentlich im Gleichgewichte schwebend vor seiner Seele stehen soll, irgend etwas zu begünstigen, so ist es das

Bedürfnis, das ewige Gesamtbedürfnis seines Staates, denn dieses muß ihn lehren, was die natürliche, angestammte und mit der übrigen Haltung und Erhaltung des Staates vereinbare Produktion sei. Dieses eigentliche Stammvermögen, dieses erprobte Kapital, das, wie man mir endlich wohl ohne ferneren Beweis einräumen wird, vielmehr in der Zähigkeit der Bedürfnis- und Kraftrichtungen und in ihrem festen Verhältnis zueinander als in der Größe der darin sich bewegenden Kräfte und Massen besteht, zu schonen und zu erhalten, ist des Staatswirts erste Rücksicht: Ist diese beachtet, dann mögen die Bedürfnisse und die Produktion des Augenblicks an die Reihe kommen, dann mögen die äußeren Umrisse des heiligen Körpers geschmückt werden, dann möge man seine Muskeln üben, seine Brust stählen und ihn mit allen Äußerlichkeiten, die der Augenblick verlangt, bewaffnen und begaben.

Überläßt man hingegen das Bedürfnis der Menschen sich selbst und der willkürlichen Richtung, welche die Theorien verlangen, so hat man damit nichts geringeres getan, als das absolute Privateigentum zur einzigen Form aller Aneignung erklärt, man hat die Anrechte des Staates auf alles Eigentum in seinem Umkreise aufgegeben, denn durch die gewohnten Kraftrichtungen alles einzelnen auf das Ganze allein war der Staat instand gesetzt, seine Ansprüche an alles einzelne in jedem Augenblick zu realisieren. Hat man also das Bedürfnis der Menschen, das lange Jahrhunderte hindurch in allen wesentlichen Rücksichten eins war mit dem Nationalbedürfnis und unzertrennlich von ihm, von Grund aus privatisiert und also die Sklaverei des Privateigentums zur einzigen Richtschnur alles menschlichen Bedürfnisses und aller menschlichen Produktion erklärt, nur Verhältnisse zwischen Personen und Sachen gesetzlich anerkannt, dagegen alle Bande zwischen den Personen zerschnitten – dann nehme die Regierung ihre Zwangsmittel wohl in acht, dann ziehe sie das eiserne Band ihrer Armeen fester und fester, greife alle die ihr verbliebenen Zügel wohl zusammen und vergesse nicht, daß sie ein unbedingtes und unbegrenztes Privateigentum über diese ganze Horde von Privateigentümern ausüben muß, wie ihr nunmehr auch das Recht dazu zusteht; denn alle innere bindende heilige Kraft der Zeit, die das Widerstrebende still und ohne weitere Antriebe versöhnt, alles, was in den bürgerlichen Verhältnissen der Wandelbarkeit der Dinge trotzte, was kein Feind von außen niederzuwerfen vermochte und was der Mensch nur durch eigenen Frevel verscherzen konnte, kurz alle göttliche Hilfe entweicht, wenn die göttlichen Bande der Dinge mutwillig zerrissen sind, wenn nur das Bedürfnis des Augenblicks, aber nicht mehr das ewige Bedürfnis aller Geschlechter im Regimente der Völker geachtet wird. Die irdischen Hilfsmittel müssen nun allein herhalten; jeden Moment muß die ganze Generation von neuem bezwungen werden, weil keine unsichtbare Hand mehr auf die menschlichen Anordnungen ihr Siegel drückt.

12.

Organisch-familiaristischer Solidarismus als Leitbild sozialökonomischer Ordnung

Von der Notwendigkeit einer theologischen Grundlage der gesamten Staatswissenschaften und der Staatswirtschaft insbesondere (1819). XIV: Übergang zu den Vorbegriffen der Ökonomik, a) Von den Bestandteilen und Zwecken der irdischen Haushaltung. In: Adam von Müller's gesammelte Schriften. Bd. 1, München 1839, S. 48–51.

So wie nun der Staat des Adam Smith und der heutigen Theorien nur aus Sachen besteht, und nach ihnen die Personen nur um der Arbeit, d.h. um der Produktion und Vermehrung der Sachen willen vorhanden sind, und der sächliche Reichtum für den eigentlichen und wesentlichen Zweck des Staates gilt, so muß Gehalt und Zweck des Staates nach der von uns gegebenen Definition bedeutender und höher erscheinen.

Was zuvörderst den Gehalt und die Bestandteile angeht, so besteht der Staat (status) eines Menschen aus Personen und Sachen, in demjenigen Verstande nämlich, wie der Körper des Menschen aus Organen besteht, die wie Muskeln und Sinneswerkzeuge mehr abhängig vom Willen des Ganzen, also *sächlicher*, und aus Organen, die, wie Herz, Magen, Leber, Eingeweide, mehr unabhängig von demselben, also *persönlicher* erscheinen.

Im gemeinen Leben versteht man unter Sachen diejenigen Wesen, welche der Willkür des Menschen absolut unterworfen sind, und behauptet daher mit vollem Recht, daß ein Mensch niemals als Sache behandelt oder als Äquivalent für Sachen dahingegeben werden solle; und man verdammt die Sklaverei und den Sklavenhandel. Die Frage ist aber: ob nicht die Willkür überhaupt zu verdammen sei, sie möge nun über Menschen oder über sogenannte Sachen verfügen.

Jede Sache hat ihre natürliche Art und Grenzen, inner denen sie gebraucht sein will; sie so gebrauchen, heißt sie mit Freiheit gebrauchen, und diese Grenzen des Gebrauchs einer Sache überschreiten, ist um nichts weniger Willkür und daher Usurpation als die willkürliche Behandlung einer Person. Überdies: Was begehrt der Mensch an den Sachen und was besitzt er an ihnen? – Ihre menschlichen Eigenschaften: dasjenige, was die Sachen durch das Begehren, durch die Berührung des Menschen und durch ihre Verbindung mit anderen menschlichen Angelegenheiten sind oder werden. Der Mensch begehrt nicht das Ding an sich, sondern nur das Menschliche oder Nützliche an den Dingen. Diese menschlichen Eigenschaften sind das Prinzipale, das Ding an sich ist nur Akzessorium. Der Mensch zieht die Sachen in den Kreis seines Lebens und seiner Persönlichkeit hinein; er belebt sie; er personifiziert sie. *Sache* sind sie nur, inwiefern er sie zum Stoff oder Material seiner Beschäftigung macht, wie der Schmied sein Eisen, der Künstler seinen Marmor und seine Farben; aber auch so wollen sie, wie die wahre Theorie jeder Kunst lehrt, mit persönlicher Nachgiebigkeit behandelt werden, wenn ein Produkt ans Licht kommen soll. Werden die Dinge zu Werkzeugen, so werden sie eben hierdurch der Persönlichkeit des Eigentümers oder Meisters teilhaftig, so werden sie zu einer Erweiterung seiner Glieder; und was ist die größte Spinnmaschine anderes als eine Erweiterung der Hand, die am einfachen Rocken den Faden hält; was sind Hacke und Pflug mit dem vorgespannten Zugvieh anderes als bewaffnete, verstärkte und erweiterte Finger, welche die Erde aufwühlen?

Aus dem Standpunkte der wahren Klugheit sowie der christlichen Ökonomie besteht z.B. der Staat eines Gutsherrn und Hausvaters aus Personen und Sachen; diese aber sind sämtlich, jedes an seinem Orte, Glieder des ganzen Körpers, lebendige Bestandteile desselben. Die *Personen*, welche zu dem Staate eines Gutsherrn gehören, teilen sich wieder in solche, die mehr persönlich als sächlich behandelt werden oder die mehr dienen als arbeiten, z.B. Familie und Kinder, und solche, die mehr sächlich als persönlich bearbeitet werden oder die mehr arbeiten als dienen, die mehr als Werkzeuge denn als Material nützen, z.B. das Gesinde.

Die Sachen hingegen zerfallen in solche, die mehr persönlich als sächlich behandelt werden sollen, z.B. der Boden und seine von so vielen über die menschliche Kraft erhabenen Bedingungen abhängige Fruchtbarkeit, und in solche, die mehr sächlich als persönlich behandelt werden, z.B. Vieh, Ackerwerkzeuge u.s.f.

Betrachten wir die Früchte einer solchen Haushaltung, so finden wir in denselben sowohl die persönlichen als sächlichen Zwecke und Bestandteile der Wirtschaft vereinigt. Wir teilen sie z.B. in Saat- und Wirtschaftskorn und rechnen zum *Saatkorn* alles zur Erhaltung der Familie des Hausvaters im engeren Sinne des Wortes Bestimmte, weil von der Erhaltung der Familie die Erhaltung des ganzen kleinen Staates abhängt, hingegen zum *Wirtschaftskorn* das für Erhaltung des Gesindes und des Viehs sowie des Instrumental-Inventariums Erforderliche; so zeigt sich, daß das Saatkorn zur Erhaltung der mehr persönlichen Personen und Sachen, das Wirtschaftskorn aber zur Erhaltung der mehr sächlichen Personen und Sachen bestimmt ist. Familie und Boden sind also das Material des Gutsherrn, Gesinde, Vieh und Ackergerät mehr seine Werkzeuge; alle aber wechselwirkende Glieder des Körpers, dessen Haupt er ist.

Seine Aufgabe ist, das Gleichgewicht und Ebenmaß des Ganzen zu erhalten, jeden, die Hausfrau, jedes Kind, jeden Knecht, jede Magd u.s.f. in seinem kleinen Wirkungskreise oder Staate zu erhalten und zu schonen; jedem sein Recht zu tun, jedes Glied des Ganzen in seiner Art und

Ordnung zu gebrauchen, so daß jedes in seiner besonderen Eigentümlichkeit und Freiheit bestehen könne.

In diesem wirtschaftlichen Kreise oder Körper ist alles vermenschlicht; das Persönliche und Sächliche ist zu einem schönen Ganzen personifiziert, organisiert im wahren Sinne des Wortes. Niemand ist bloße Sache, die Eigentümlichkeit des letzten Werkzeuges wird mit nachsichtigem Gebrauche geschont. Der Herr ist der Diener aller: primus est servus omnium servus, und so wird das göttliche Gesetz erfüllt: Der Herr ist eine wahre Sache in dem Haushalte des allumfassenden Haushalters; und eben darum ist er eine wahre Person. In seinem unendlichen Gehorsam besteht seine wahre unendliche Freiheit. Eine liebevolle Behandlung des Ganzen ist dessen wahrhaft kluge Behandlung; und der vornehmste Zweck des Werkes ist die Liebe zum Werke, die ihre Belohnung in sich selbst findet, d. h. die Liebe zu Gott, dem dieses Werk, diese große Sache bereitet wird, und durch dessen persönliche Mitwirkung allein sie gelingen kann.

Erst der zweite, obwohl ebenso wesentliche Zweck des Werkes ist die Frucht, der Brutto-Ertrag, durch welchen das Werk erhalten wird; und erst der dritte der sogenannte *reine* Ertrag, wodurch dasselbe und mit ihm der Wirkungskreis seines Verstandes erweitert wird. Zuerst Gottes Ordnung; dann dem Nächsten das ihm Gebührende und zur Erhaltung des Beisammenseins und Wechselwirkens Erforderliche; und dann erst wir selbst, Gedeihen und Ausbreitung unseres Wirkungskreises: Das ist die wahre, irdische Hausordnung.

13.

Der „Wahn“ eines „absoluten Privateigentums und unbedingten Besitzes“

Die Elemente der Staatskunst. Bd. 2, Berlin 1809. Dreizehnte Vorlesung: Geist der Römischen Gesetzgebung, S. 58–63, 65f.

Die Individualisierung des Eigentums bei John Locke und Adam Smith bedeutet einen tiefgreifenden Bruch mit der ständisch-mittelalterlichen und scholastischen, auf persönlichen Verpflichtungen beruhenden Eigentumstradition. In Deutschland setzt bereits seit dem 14. Jahrhundert die von Müller immer wieder kritisierte Rezeption mit einem „verderblichen Einfluß des römischen Rechtes und seines Grundsatzes von absolut ausschließendem Besitze“ (II, 13) eine Individualisierung des Eigentums in Gang.

John Locke erklärt das individualistische Privateigentum zum Naturrecht. Adam Smith deklariert es im Anschluß hieran und in Verbindung mit Privatnutzen und Erwerbsstreben als Grundlage aller ökonomischen Tätigkeit und des Marktgeschehens.

Müller fordert ein ausgewogenes Verhältnis zwischen der Individual- und der Sozialfunktion des Eigentums, wie es allein durch ein ständisches und damit organisch-solidarisch gebundenes Eigentum gewährleistet sei. Der neuen Eigentumsauffassung fehle jede „Spur wahrer Gegenseitigkeit der Rechtsverhältnisse" (II, 13). Es werde der „Wahn eines ... absoluten Privateigentums und unbedingten Besitzes" (II, 13), „die Sklaverei des Privateigentums zur einzigen Richtschnur alles menschlichen Bedürfnisses und aller menschlichen Produktion erklärt" (II, 11).

Dort hingegen, wo organisch-ständisch gebundenes, „korporatives Eigentum" (I, 9) auf der traditionalen Basis sittlich-personaler Wechselverpflichtungen und Sozialbindungen besteht, ist jeder nur insofern Eigentümer, „als er selbst dafür Verpflichtungen eingegangen, als er durch Verpflichtungen gegen Personen sein Eigentum selbsttätig verbürgt hat" (I, 9). So besteht „das wirkliche Eigentum nur in dem gemeinschaftlichen Besitz" und letztlich nur als „Nießbrauch und Vergänglichkeit" (I, 9).

(...) Der Gedanke des absoluten, ausschließenden privativen Eigentums, so wie er in einem konsequenten Zivilrechte vorherrschen muß – wie er denn auch die eigentliche Basis des römischen Rechtes bildet – steht in ewigem Widerstreit mit der Idee des Rechtes. Überhaupt kann er nur auf absolut tote Sachen angewendet werden; denn Personen sind von selbst schon unendlich, unbegreiflich: sie lassen sich aus dem Zusammenhange mit den übrigen Personen nicht herausschneiden. Die väterliche und ehemännliche *Gewalt*, so wie sie in unseren Gesetzbüchern nach römischem Zuschnitt verordnet wird, ist eine bodenlose Chimäre; wenn sie ein unsichtbarer Geist der Liebe oder des Zutrauens nicht ergänzen oder stützen will, so spielen die Gesetze, indem sie jener vermeintlichen Gewalt beistehen, eine unwürdige und traurige Rolle. Will die Liebe ersetzen, was dem durchaus unwirksamen Gesetze an Kraft gebricht; wohl! diese seltenen Fälle innerer Familienharmonie gibt es, aber für sie ist auch das Gesetz ganz überflüssig; in den unzähligen anderen Fällen gestörter Übereinstimmung zwischen den Familiengenossen ist nur von der Zeit und von gegenseitiger Nachgiebigkeit etwas zu erwarten; von freier Nachgiebigkeit. Wie aber, wenn die Gesetze schon im voraus diese Gegenseitigkeit und Freiheit stören und dem einen Familiengliede Rechte, Zwangsrechte, unbedingte, ausschließende Rechte in die Hände geben und dieses sich darauf stützen zu können glaubt, anstatt auf Beweise der Liebe? Dann helfen die Gesetze nicht nur nichts, sondern werden eine eigentliche Schule heimlicher Laster. Und diese Gesetze sind es, welche das Wesentliche, die neue Generation erzeugen und bilden helfen sollen. –

Diesen verderblichen Einfluß des römischen Rechtes und seines Grundsatzes von absolut ausschließendem Besitze hat unser Zeitalter vornehmlich erfahren, wo keine Sitte, keine Religion die abgemessenen, haarscharfen Grenzen, welche das römische Recht um die einzelnen Gebiete des

Lebens und Wirkens gezogen, wieder verwäscht, verflößt, belebt. Den einseitigen Sieg des Rechtes über alle anders gestalteten, von der Religion befruchteten Rechtssysteme noch wie einen Triumph der Humanität zu feiern, war der Gipfel des Wahnsinns, dessen furchtbare Ausbrüche wir erlebt haben. Das war der gerühmte Sieg unserer Generation über die Kirche und den Feudalismus!

Das Gesetz der strengsten Subordination, welches in dem heroischen Zeitalter der Römer bei ihnen so tiefe Wurzeln gefaßt hat und welches einer absolut militärischen Republik auch unentbehrlich sein mochte, verlor seine ursprüngliche Erhabenheit, als an die Stelle der Idee der Freiheit nun die römischen Imperatoren traten. Es wurde zu einem weltlichen Mechanismus, dessen traurige Spuren sich überall in den römischen Gesetzbüchern wahrnehmen lassen. Der Gehorsam, die Disziplin bei den älteren Römern hatten einen edlen, ritterlichen Charakter, indem er vielmehr der Idee der Freiheit und der Republik als den jeweiligen Befehlshabern der letzteren – diesen wenigstens nur mittelbar, um der Freiheit willen – gewidmet war. Damals waren Gehorsam und gebietende Macht nur verschiedene Formen von dem Dienste der Republik, der ewigen Stadt und ihres Ruhmes. Durch die herrschende, allen Gemütern eingeprägte Idee der römischen Freiheit erhielt das härteste Subordinationsgesetz einen Charakter der Gegenseitigkeit; es war keine Unterwerfung an sich, sondern eine Unterwerfung um der Freiheit willen. – Die Gesetze über die persönlichen Verhältnisse atmeten durchaus den Geist der unbedingten Abhängigkeit des physisch Schwächeren von dem Stärkeren. Mit der Errichtung einer despotischen Macht in Rom verschwand dieses unsichtbare Gefühl der Gegenseitigkeit und der Freiheit, und es blieb nichts als der sichtbare Buchstabe der Disziplin und des unbedingten Besitzes zurück.

Ich fordere jeden Kenner des römischen Rechtes auf, mir außer der Lehre von dem Kontrakte irgendeine Spur wahrer Gegenseitigkeit der Rechtsverhältnisse darin zu zeigen. Und dennoch sind dies die beiden Grundeigenschaften jedes Gesetzes und jeder Gesetzgebung: 1) die innerlichste *Gegenseitigkeit*, die Kontraktsnatur aller Verhältnisse des Lebens, der sächlichen wie der persönlichen, um des Rechtes willen; 2) die weiseste *Disziplin*, Subordination, Rangordnung aller Verhältnisse des Lebens, um der Ausübung des Rechtes willen. Es kann eine äußere, rechtliche oder rechtsähnliche Ordnung der Dinge geben, eine Subordination der Verhältnisse ohne Gegenseitigkeit; und wer mit dem äußeren Schein eines Staates bei der hoffnungslosesten, inneren Anarchie der Gemüter zufrieden gestellt ist, dem mag in dieser Hinsicht die konsequente Schärfe des römischen Gesetzes leisten, was er von aller Gesetzgebung fordert. Ich fordere mehr: eine Subordination nicht bloß der äußeren, sondern auch der inneren Verhältnisse oder der Gefühle; und diese ist nicht anders zu erreichen als dadurch, daß eine religiöse Idee in souveräner Allgegenwart das ganze Gemeinwesen und alle Gesetze durchdringt, daß eben dadurch alle Rechts*begriffe* in Rechts*ideen*, d.h. die toten, absolut disziplinarischen Rechtsverhältnisse zu lebendigen und demnach gegenseitigen erhoben werden.

Eine politische Ordnung, die keinen anderen, höheren Zweck hat als eben wieder die Ordnung, die demzufolge nichts anderes sein kann als ein maschinenmäßig, in sich selbst umherlaufendes Uhrwerk, eine sich selbst mahlende Mühle (wie Novalis sagt), muß, wenn sie lebendigem Wesen aufgedrungen wird, nachdem auf eine Zeitlang die äußere Natur des Menschen ihr unterworfen gewesen und Sinn und Geist der Bürger von diesem sogenannten Staat ausgeschlossen worden ist, zuletzt unfehlbar vor der organischen Kraft des lebendigen Stoffes, den sie zu regieren hat, weichen: Sie selbst muß die Revolutionen herbeiführen, die sie unfehlbar zerschmettern werden. – (...)

Was soll uns eine Gesetzgebung, deren begleitende souveräne Idee, die Idee der römischen Freiheit, schon beinahe seit zwei Jahrtausenden ausgestorben ist und die zwar auf unseren Verstand, aber in keinem Stücke auf unsere Neigung und auf die Totalität *unseres* Privatlebens bezogen werden kann! – Als Gegengewicht gegen die Exzesse der feudalistischen und kanonischen Gesetzgebungen in den letzten Jahrhunderten hatte sie allerdings ihren Wert, aber nur insofern alle diese verschiedenen ungleichartigen Teile, welche in unserer Rechtspflege zusammentraten, von einer Idee, wenigstens von einer Art von Idee des Rechtes oder der Religion verbunden wurden. Jetzt aber, nachdem der Geist jener anderen, unseren inneren Bedürfnissen mehr entsprechenden Gesetzgebungen ganz verschmäht, nachdem der Wahn eines absoluten Privatlebens und absoluten Privateigentums und unbedingten Besitzes die Oberhand erhalten hat; nachdem alle weltherrschenden Ideen, alle Religion, alle Sitten zerfallen: jetzt kann der Schein eines unabhängigen konsequenten Privatrechtes, den wir aus der römischen Schule mitbringen, die allgemeine Auflösung nur befördern. (...)

14.

Der „vollständige Mensch" und die wirtschaftsliberale Arbeitsteilung

Versuche einer neuen Theorie des Geldes mit besonderer Rücksicht auf Großbritannien. Leipzig und Altenburg 1816. Grundlegungen einer neuen Theorie des Geldes, Erstes Kapitel: Von dem einzelnen Menschen, als Vorbilde der Staatshaushaltung, S. 133–140.

Das Problemfeld dessen, was Karl Marx später mit dem Begriff der Entfremdung der Arbeit und der sozialen Beziehungen durch Reduzierung der Personen auf bloße Sachbeziehungen umschreibt, betritt bereits Müller mit dem Hinweis, es bestehen Staat und Wirtschaft bei Smith „nur aus Sachen", es sind „die Personen nur um der Arbeit, d.h. um der Produktion und Vermehrung der Sachen willen vorhanden" (II, 12). Es zähle „nicht der ganze Mensch, der zugrunde gehen möge, wenn das Sächliche an ihm, das Geldes- und Taglohnwerte, durch Alter, Krankheit" etc. „in der großen Geldmaschine unbrauchbar würde" (II, 20).

So ist die „Persönlichkeit" des Menschen nur noch „ein unnützes Beiwesen, welches für die unermeßliche Geldkompanie, die nunmehr Staat genannt wird, keinen Wert hat" (II, 20).

In der wirtschaftsliberalen Arbeitsteilung in Verbindung mit einer mechanischen Trennung von Kapital und Arbeit „gibt sich die Arbeit durch ihre Teilungsfähigkeit nur der Anwendung des Kapitals hin", ohne Rücksicht auf das „geistige Kapital" des Arbeiters (II, 22). Der Mensch zähle nur noch als „Rad oder Kamm oder einzelner Zahn eines Rades in dem großen Mechanismus" (II, 14).

Jede wahre, natürliche, d.h. organisch-ständische Funktions- und Arbeitsteilung ohne mechanische Trennung von Kapital und Arbeit dagegen beruhe auf der „Wechselwirkung persönlicher Kräfte, von gegenseitigen Dienstverpflichtungen" (II, 17), so daß jeder Arbeiter „ein vollständiger Mensch zu bleiben vermöchte", die „Einheit seiner Person" (II, 14) als Wesenseinheit, die „Fülle der menschlichen Persönlichkeit" (II, 15) gewahrt bleibt. Es darf demnach „die Teilung der Kräfte nur fortschreiten, inwiefern die Persönlichkeit des Menschen" als Ganzheit nicht angetastet wird (II, 15).

Die unendlichen Gewerbe, Geschäfte und Hantierungen des Menschen sowohl geistiger als körperlicher Art, darunter jede einzelne wir heutigen Tages einem einzelnen Menschen übertragen sehen, würden den Staat in eine tote Maschine verwandeln, wenn nicht jeder Arbeiter ungeachtet des ganz einseitigen Geschäftes, welches er treibt, ein vollständiger Mensch zu bleiben vermöchte. Wie einförmig, wie absorbierend das Geschäft des Bürgers auch sei, die Forderung wird immer sein, daß *er es treibe* und nicht bloß einseitig von dem Geschäfte *getrieben werde.*

Sollten aber je diese einzelnen Geschäfte der bürgerlichen Gesellschaft in bloße Gewerbe ausarten, sollte je der einzelne Arbeiter dahinkommen, daß er nichts anderes wäre als Rad oder Kamm oder einzelner Zahn eines Rades in dem großen Mechanismus, den in letzter Instanz das Gewicht der edeln Metalle regierte, kurz, sollte je das Ideal der Industriesysteme erreicht werden, so würde sich ergeben, daß, weil der Mensch außer seiner mechanischen Kraft noch die höhere des Geistes besitzt und auf diese in jener Maschine keine Rücksicht genommen wäre, diese Kraft des Geistes aber, sobald sie abgesondert von den körperlichen Kräften, auch unmittelbar die entschiedenste Feindin derselben wird, – das Ganze notwendig zerstört werden müßte.

Wenn die Natur zwei Dinge füreinander bestimmt hat und miteinander gründlich und für die Dauer verbunden sehen will, so gibt sie solchen eine recht große Verschiedenheit, eine so bestimmte Anlage zu einer unendlichen Feindseligkeit, daß ihnen beiden nichts übrig bleibt, als sich auf Tod und Leben zu verbinden. Deshalb anstatt einzelne Geschöpfe vollständig hinzustellen, hat sie nur Zweiheiten erschaffen, in diese Zweiheiten aber eine so vollständige Entzweiung gelegt, daß den entzweiten Wesen keine andere Zuflucht bleibt, als in dem unendlichen Sichvereinigen: Sie wollte die Einheit, also ordnete sie die Zweiheit, die Spaltung aller Kreaturen in zwei Geschlechter an, in denen die unendliche und vollständige Feindseligkeit eine unendliche Vereinigung und Befriedigung veranlassen mußte.

In diesem feindselig-freundlichen Geschlechtsverhältnis stehen nicht bloß die sogenannten Naturgegenstände, sondern der Mensch ist nur Ebenbild Gottes, weil ihm kein anderes Kunstgeschäft zusteht, als was in jener göttlichen Manier getrieben wird, wobei der Zweck Einheit ist, lebendige und dauernde Einheit, also Vereinigung; das Mittel hingegen: die Anordnung von vollständigen Feindseligkeiten oder von Geschlechtsverhältnissen. Es gibt keine anderen menschlichen Werke, keine anderen Werke der Kunst, als die mit den Werken der Natur nach einem und demselben Gesetz vonstatten gehen. Alle praktische Verrückung des Menschen wird sich daher auf eine einzige große Hauptformel reduzieren lassen: Er wird, was er getrennt aus den Händen der Natur empfängt, anstatt es zu vereinigen, noch weiter trennen, und, was er einfach aus den Händen der Natur, also mit der Aufgabe es gehörig zu trennen erhält, als absolute Einheit festhalten und ausschließend besitzen wollen.

Daß dies wirklich die Doppelrichtung der staatwirtschaftlichen Theorien unserer Zeit sei, habe ich schon in der Einleitung gezeigt: das absolute Privatleben ist nichts anderes als eine Verleugnung und Auflösung aller unter den bürgerlichen Geschäften von der Natur angeordneten Geschlechtsverhältnisse; indem man aus ihrer Gesamtheit herauszutreten strebt, zerschneidet man sie alle: das absolute Privateigentum ist nichts als ein krampfhaftes Festhalten der Einzelheit der Dinge, welche uns die Natur übergeben hat, um sie zu trennen und zu teilen und in Geschlechtsverhältnisse zu führen.

Wenn also nun Geist und Körper in demselben Geschlechtsverhältnisse zueinander stehen – eine so gerecht und vollständig angeordnete Feindseligkeit, daß ihr nicht zu entgehen wäre als durch die Vereinigung – und wir unternähmen es, anstatt beide an allen Stellen ineinander zu wirken, sie noch weiter zu trennen, indem wir die körperlichen Bedürfnisse und Kräfte der Menschen in eine besondere Maschine zusammenbauten, dagegen dem Geiste überließen, desgleichen zu tun oder ganz zwecklos umherzuirren, so müßte nunmehr die freundliche Feindseligkeit zwischen Geist und Körper in eine zerstörende übergehen. Europa hat es bewiesen: die körperliche Maschinerie der Staaten hat den Seelenmechanismus der Aufklärung zur Seite gehabt; zur rechten Hand hat man sich den Menschen gedacht, als habe er nur körperliche, rohe, handgreifliche Bedürfnisse, und ihn nach diesem Grundsatze regiert wissen wollen; zur linken hat man denselbigen Menschen wieder über alle Gebühr und Schranken hinaus geistig aufzuklären unternommen: dergestalt hat man denn, wie der Erfolg zeigt, die Züchtigung für die eigene Sündhaftigkeit unmittelbar an sich selbst vollzogen.

Daß also überall, wo Körper ist, auch der dazugehörige und ihm anvermählte Geist bleibe, ist die erste Bedingung einer gut eingerichteten bürgerlichen Gesellschaft: kurz, daß der Bürger nicht aufhöre, vollständiger Mensch zu sein, weil er ein einzelnes Geschäft treibt. Kann er nunmehr, einer einzelnen Tätigkeit hingegeben, nicht mehr zurückkehren in die Fülle der Anlagen zu den verschiedenartigsten Tätigkeiten, an die Quelle aller - zu sich selbst; oder vielmehr kann er beim einzelnen Geschäfte nicht im Bewußtsein der Anlagen zu allen übrigen verbleiben; mit anderen Worten, kann er den Zusammenhang seines besonderen Geschäftes mit dem großen menschlichen Geschäfte, davon das Seinige nur ein Teil ist, oder mit dem Staate nicht mehr empfinden - so wird die hintangesetzte Selbstheit als dumpfes, wildes, tierisches Verlangen nach Willkür nunmehr räuberisch einbrechen in die Haushaltung, aus der sie verbannt worden.

Es gibt kein so abgesondertes Geschäft in der bürgerlichen Gesellschaft, es ist keines denkbar, um dessentwillen an sich der Mensch sich selbst vergessen müßte; alle diese Geschäfte fließen aus einer Quelle her, und dafern die Unvernunft sie nur nicht abdämmt und durchschneidet, so muß jeder Tropfen des entferntesten Wassers auch nach der Quelle schmecken.

Im Anfange der Gesellschaft zeigt der Mensch sich noch in seiner ganzen vereinigten Kraftfülle; alle jene unendlichen Funktionen, die sich später nach allen Seiten auseinanderwickeln und -blättern, liegen im Keime beieinander: es gibt noch keinen Landbau, aber der Mensch kann den Samen ausstreuen; kein Handwerk, aber er kann das natürliche Produkt schon ordnen und vermenschlichen; keinen Kaufmann, aber er kann das Natürliche und das erste Künstliche vertauschen, das letztere wieder hingeben, um das erstere zu erlangen; keine Geistlichkeit, aber er kann sich zum Himmel erheben; kurz, der ganze Staat ist noch einzelner Mensch, aber der einzelne Mensch ist deshalb um nichts weniger Staat. Alle, die nach ihm kommen, sollen nichts anderes, als unaufhörlich zu ihm als zu ihrer Quelle zurückkehren und sich untereinander zu einem einzigen großen Menschen zusammenbauen, in welchem die verschiedenen Geschäfte des Lebens so natürlich, verträglich und im Gleichgewicht beieinander sind, als sie es bei ihm waren.

Indem also die bürgerliche Gesellschaft entsteht, so geht im Grunde nur jener erste Mensch nach allen Richtungen auseinander; sein Körper erweitert sich; die alten Verhältnisse, der alte Zusammenhang, der Geist muß bleiben, die Funktionen des Landbaues, des Handwerks u.s.f. mögen sich unter mehrere einzelne Verwalter verteilt haben oder sie mögen in einem einzigen beieinander sein. Diese Funktion konnte ein einziger in seiner Person nur deshalb vereinigen, weil er sie durch die Einheit seiner Person unter einem vollständigen Zusammenhange begriff und ihre Verhältnisse untereinander regierte. Hörte je dieses Regieren der Verhältnisse auf; hätte er sich je in ein einzelnes seiner Geschäfte, zum Beispiel: in das Samenstreuen vertiefen wollen, und seine Hütte, seine Kleidung darüber vergessen, also das *Verhälnis dieser Funktionen untereinander* versäumt, so hätte er als eine Person zu existieren aufgehört.

Die Funktionen der bürgerlichen Gesellschaft, je mehr sie sich vervielfältigen und erweitern, können also abgesondert für sich, absolut getrennt von dem großen Menschen, den sie miteinander ausmachen sollen, oder was, wie meine Darstellung ausweist, dasselbe ist, abgesondert von dem einfachen Menschen, aus dem sie wie von einem Mittelpunkte alle ausgegangen sind, absolut getrennt von dem Keim, aus dem sie sich alle entwickelt haben, nie betrachtet werden.

Adam Smith nennt die Zerlegung der Funktionen der bürgerlichen Gesellschaft Teilung der Arbeit und macht die Vermehrung des Produkts zum Zweck und zum Grunde dieser Teilung – muß aber doch geschwind das Geld erfinden lassen, um diese Teilung zu realisieren: Sein Geld indes ist nichts anderes, als ein Surrogat jenes Zusammenhanges, jener persönlichen vereinigenden Kraft, welche der Mensch, ehe die Arbeit geteilt wurde, in eigener Person auszuüben genötigt war.

Die Teilung der Arbeit oder der einzelnen Funktionen der bürgerlichen Gesellschaft ist also nur dadurch möglich, daß ein persönlicher Zusammenhang zwischen den Verwaltern eintrete, daß sie durch ihre Verbindung miteinander eine große und vollständige Person darstellen, und daß demnach keiner absolut getrennt für sich, sondern nur als Glied, als Organ der größeren Person agiere. Es ist klar, daß die körperliche Organisation des einzelnen Menschen, nämlich, wie solche sich der lebendigen Erkenntnis zeigt, oder, was dasselbe sagt, wie sie ist, wenn sie von der Erkenntnis oder vom Geiste durchdrungen wird, sich im Ganzen des Staates wieder finden müsse, unter allen gedenkbaren Figuren sich vorbildlich für die Haushaltung des Staates am besten eigne, wie denn auch gleichfalls der Arzt wieder den Staat bei seinen Untersuchungen des menschlichen Körpers mit glücklichstem Erfolge benutzen könnte; denn, was sich seiner Betrachtung hier innerlich verbirgt und nur im Stillstande oder Tode vollständig betrachtet werden kann, das stellt sich dort äußerlich dar und kann nur in der Bewegung und im Leben zur Anschauung kommen.

Von jenem Römer, der so sinnvoll den Staatsprozeß mit dem Streit des Magens und der Glieder verglich, bis auf unsere Zeit herab, die nicht aufhört, neben ihren Summen und Massen, auch von Zirkulation des Geldes, von Staatskörper, von politischer Arznei, von Konstitutionen und Organisationen zu sprechen, ohne zu wissen, welche großen Sachen sie damit ausspricht, schwebt diese Wechselvorbildlichkeit des Staats und des menschlichen Körpers wenigstens dämmernd vor den Augen aller. (. . .)

15.

Organisch-ständische Funktionsteilung der Arbeit zur Wahrung der „Fülle der menschlichen Persönlichkeit"

Versuche einer neuen Theorie des Geldes mit besonderer Rücksicht auf Großbritannien. Leipzig und Altenburg, 1816. Einleitung, Viertes Kapitel: Die Ehe und die Familie, als Schema aller Haushaltung, S. 41–43.

(. . .) Die gesamten Funktionen, aus welchen die Haushaltung eines Staates besteht, müssen allerdings geteilt werden und in gewissem Sinne ohne Ende geteilt werden; aber es ist wesentlich notwendig, daß sie alle in einer ebenso unendlichen Wechselverbindung bleiben. Dieser unendliche Zusammenhang aller ökonomischen Funktionen, diese Durchdrungenheit aller von allen, ist dasjenige, was wir die Haushaltung des Staates nennen. Wenn die Teilung der Kräfte zunimmt, muß die Macht der Vereinigung gleichförmig wachsen, und da keine Sache, wie allgemein beliebt sie auch sei, da nur die Lebenskraft, da nur der Geist diese Vereinigung vollziehen kann, diese Lebenskraft des Geistes aber nur in der Fülle der menschlichen Persönlichkeit zu finden ist, so kann die Teilung der Kräfte nur fortschreiten, inwiefern die Persönlichkeit des Menschen und alle lebendigen feudalistischen Verbindungen, von denen sie sich nährt, immer deutlicher und kräftiger heraustreten. So weit war unsere Darstellung schon im vorigen Kapitel gelangt.

Die richtige, von keiner vorwitzigen Theorie gestörte Ansicht unserer Vorfahren von der wesentlichen Gestalt des politischen Lebens zeigt sich insbesondere noch darin, daß sie unter aller Teilung der bürgerlichen Gewerbe für eine kräftige Vereinigung derselben allenthalben sorgten. Die Künste, die Wissenschaften sonderten sich voneinander ab, aber nur inwiefern sie sich in eine desto engere Korporation zunftmäßig verbanden. Je mehr sich die Funktionen eines bürgerlichen Geschäftes unter verschiedene Hände verteilten, um so kräftiger griff der Meister die zertrennten Fäden wieder in ein Ganzes zusammen; aber er selbst, der

Meister, stand wieder als Geselle, als einzelner Arbeiter in dem Körper der Zunft; die einzelne Zunft lebte wieder in einer Art von Ehe mit der Korporation der bürgerlichen Gewerbe; das bürgerliche Gewerbe strebte wieder nach einer Wechseldurchdringung mit dem ländlichen Geschäft, welches der Adel repräsentierte, und wenn auch dieses höchste Verhältnis der ökonomischen Gegenseitigkeit im Staate nirgends ganz vollkommen erreicht wurde, so finden wir doch alle ökonomischen Funktionen in einer entschiedenen Richtung dahin begriffen.

So nun ist es auch in der ewigen Natur der Dinge begründet: Wie jeder einzelne Arbeiter im kleinen seine Arbeit und sein Material durch fortgesetzte Kunstübung zu einer immer innigeren Durchdringung bringt, damit sie streitend und nachgebend sowohl durch ihre Trennung als durch ihre Vereinigung miteinander ein wahrhaftes und durch seine Lebendigkeit ansprechendes Produkt erzeugen, so im großen ist der Staat selbst der Meister, welcher das städtische Geschäft und das ländliche im ganzen, seine Arbeit und sein Material in eine ewige unendliche produktive Wechselwirkung bringt, die gleichfalls von der Ehe ihr höchstes und vollkommenstes Schema erhalten wird. (...)

16.

Proletarisierte, „künstlich" Arme ohne „Stand in der bürgerlichen Gesellschaft" durch „unnatürliche Verfassung der Gewerbe" und „moralische Entwürdigung"

Über die Errichtung der Sparbanken (1819). In: Adam von Müller's gesammelte Schriften. Bd. 1, München 1839, S. 186–193.

Der Begriff Proletariat bürgert sich in Deutschland seit 1830, also nach Müller, von Frankreich her ein. Er löst insofern die älteren Begriffe „Pöbel" bzw. „Pauper" ab. Später und besonders seit Marx dient er primär der Bezeichnung von gesellschaftlich, nicht individuell bedingter sozialer Not, Deklassierung und Entwürdigung.

Den Terminus „Proletariat" gebraucht Müller also noch nicht als stehenden Begriff, liefert aber bereits Jahrzehnte vor der allgemeinen Durchsetzung der entsprechenden Sicht in Deutschland alle diejenigen Elemente, die mit dieser Form gesellschaftlich verursachter Armut und Deklassierung verbunden werden.

So kennzeichnet nach Müller den „künstlich Brotlosen" oder Proletarier, daß er als nichtbesitzender Lohnabhängiger durch Absolutsetzung von Markt und Konkurrenz ohne „zuverlässigen Stand in der bürgerlichen Gesellschaft", ohne „Befestigung seines ganzen Zustandes", ohne ausreichende ökonomische und soziale „Basis der Existenz" bleibt, im „Vollbestande seiner Kraft", ohne eigenes Verschulden in den „Armen-, d.h. in Sklavenstand" (II, 16) oder „Galeerensklaverei" (II, 17) versetzt wird sowie „persönliche, moralische Entwürdigung" erleidet (II, 16).

(. . .) Zur Zufriedenheit des Menschen überhaupt und des Gliedes eines großen Vaterhauses (wie es die österreichische Monarchie seit Jahrhunderten darstellt) insbesondere gehört 1. daß er seines nächsten Unterhaltes gewiß sei, 2. und ebenso wesentlich, daß er für den Wechsel der Umstände und gegen die notwendig eigene Hinfälligkeit und die Folgen der Abnahme seiner Kräfte leidlich sichergestellt sei. Er verlangt sein tägliches Brot, aber außerdem noch einige beruhigende Gewähr, daß es ihm niemals fehlen werde.

In einer Zeit der größten Revolutionen, wie die gegenwärtige, wo sich das gesamte Hauswesen der europäischen Völker gleichsam auf einen neuen Fuß gestellt hat, verdient dieses doppelte Verlangen der Menschen eine ganz besondere Beachtung. In einer wahrhaft natürlichen Ordnung der Dinge wäre nicht nur für jeden Bürger dieser Erde sein Tisch zu rechter Zeit gedeckt, sondern er würde als Untertan einer väterlichen Lokalobrigkeit, als Glied einer Familie, als Teilnehmer einer Korporation oder Gemeinde auch die hinreichende Bürgschaft für die Zukunft finden. So finden wir es, wenn wir die Urkunden älterer Zeiten befragen: Jeder Mensch hatte, außer seinem täglichen Unterhalte, noch eine Basis der Existenz, einen bleibenden Zustand oder Stand, dem er angehörte, auf den aber gegenteils er selbst auch wieder bauen und rechnen konnte. Er war einer Familie, einer Korporation, einer Gemeinde, einem Stande für immer verpflichtet (adscriptus), er war auf Tod und Leben einem gewissen Zustande (état, status, condition, oder nach dem höchst treffenden Sprachgebrauche des großen Edmund *Burke* einer gewissen description) ergeben und dieser Zustand oder Stand hatte seinesteils wieder die Verpflichtung, für ihn zu sorgen. Eine solche Vorsorge war kein Almosen, welches den Empfänger erniedrigt, sondern eine strenge Verpflichtung, deren Erfüllung das edlere Selbstgefühl der Menschen niemals verletzen konnte.

Wie natürlich diese Ordnung der Dinge war, erhellt besonders daraus, daß durch jede nützliche Arbeit in der bürgerlichen Gesellschaft zweierlei Zwecke erreicht werden: 1. der Vorteil des Arbeiters, 2. der Vorteil der bürgerlichen Gesellschaft überhaupt; sodaß also der Arbeiter auch notwendig zweierlei Lohn zu erwarten hat: 1. den unmittelbaren Unterhalt, 2. die Befestigung seines ganzen Zustandes, die Gewährleistung seines Daseins abseiten der bürgerlichen Gesellschaft, welche doppelte Belohnung die ehemalige Ordnung der Dinge reichlich gewährte.

Ich halte mich bei der Betrachtung dieser natürlichen Ordnung der Dinge länger auf, weil sie fast ununterbrochen die vorherrschende Ordnung Österreichs geworden ist. Nirgends hat sich ein Bedürfnis von Armengesetzen und von einer allgemeinen, politischen Vorsorge für brotlos gewordene Glieder der bürgerlichen Gesellschaft später gezeigt als in Österreich: Die große Masse des Volkes war durch die Erhaltung der unzähligen natürlichen und einzelnen Körperschaften, Obrigkeiten, Familien, Gemeinden, Stände, denen jeder einzelne angehörte, gegen den Verfall seiner eigenen Kräfte geschützt, und für die eigentlich Verlassenen, Gebrechlichen, Heimatlosen, für die wenigen, denen kein besonderes Obdach zuteil geworden war, sorgte die Kirche.

Ebenso ist in England bis auf die Zeiten der Reformation keine einzige Spur eines bürgerlichen Armengesetzes aufzufinden; dagegen aber erwäge man die Masse von Statuten im Fache des Armenwesens, welche unter der Regierung *Heinrich VIII.* und seiner Kinder ans Licht kommen. Die weltliche Macht mußte unter den übrigen glänzenden Erbschaften der verdrängten Kirche auch die beschwerliche der Vorsorge für die Armen übernehmen. Es geschah dieses wie das meiste in dem beneidenswerten Lande auf dem natürlichen Wege: Die Armen wurden der Gemeinde oder dem Kirchspiele ihrer Geburt zugewiesen, teils weil die große Gemeinde der Kirche in die einzelnen Lokalgemeinden, als ihren Urbestandteilen, dismembriert und zersprengt worden war, teils aus der Überzeugung, daß die Körperschaft das Dasein ihrer einzelnen Glieder verbürgen müsse. Durch eine fictio legis wurde die einzelne Gemeinde für das Vaterhaus aller Individuen angesehen, welche in ihrem Umkreise geboren worden waren, wenn auch diese oft durchaus in keiner bürgerlichen Verbindung mit der Gemeinde standen. Diese Einrichtung wurde von dem britischen Volke beinahe drittehalb Jahrhunderte hindurch ohne erhebliche Beschwerde getragen, als sich plötzlich die Masse der sogenannten und unverkennbar Armen in einer fürchterlichen Progession vermehrte und nun in dem kurzen Zeitraume von fünfzig Jahren die ursprünglich leichte Bürde ganz unerträglich wurde.

Unterscheiden wir die *natürlich Armen*, welche bisher zu versorgen gewesen waren und deren Unterhalt, nach ewigen Naturgesetzen, niemals die Kräfte der Bemittelten übersteigen kann, von den *künstlich Brotlosen*, d. h. von den durch eine unnatürliche Verfassung der Gewerbe aus allem Lebensgenuß künstlich herausgedrängten Personen, so verhält sich die Anzahl der letzteren zu der ersteren in dem heutigen England wie 15 bis 20 zu 1.

Die unmittelbare Ursache dieser fürchterlichen Erscheinung (des tiefer liegenden Grundes wollen wir hier nicht gedenken) ist die im Laufe des achtzehnten Jahrhunderts aufgekommene ökonomische und Geldverfassung. Man hat sich durch die wunderbaren Wirkungen des Geldes zu dem Irrtume verleiten lassen: 1. der Mensch lebe nicht sowohl vom Brot als vom Gelde; 2. das Dasein des Menschen würde nicht sowohl durch seinen natürlichen Stand, durch die Familie, Körperschaft, Gemeinde, in welche ihn die Natur versetzt habe, als vielmehr durch ein Geldkapital verbürgt.

Ein System falscher Freiheit hatte sich in den Gemütern der Menschen festgesetzt. Daß der Mensch einem natürlichen Zustande durchaus verpflichtet oder adskribiert sein sollte, schien Sklaverei; daß mit dieser Verpflichtung ein wohltätiges Anrecht auf Gegenhilfe verbunden war, wurde über den Reizungen der augenblicklichen Freiheit vergessen. Hausväter, Korporationsvorstände, Lokalobrigkeiten – aus nicht besserem Holze als ihre Pfleglinge und Schutzverwandten geschnitzt – hatten das ihre getan, diese Zustände drückend zu machen. Diese wie jene strebten nach Entbindung der bisherigen gegenseitigen Verpflichtungen. In dem Geldwesen schien das glückliche Auskunftsmittel für die beiderseitige Befreiung zu liegen. „Auf meine Hilfe in natura“, sagte der Vorstand zu seinen Untergebenen, „kommt es dir nicht an, sondern auf das Geld, welches ich dir zahle; mir gegenteils kommt es nicht auf deine Dienste in natura, sondern auf deine Arbeit, auf dein Geldeswert, welches du erzeugst, an. Sei du frei, treibe es und lebe wie du willst und entbinde mich aller meiner Verpflichtungen gegen dich. Ich zahle dir bei jedesmaliger dir gefälliger Arbeit höheren Arbeitslohn, damit du auch für die Vorsorge, welche du verlierst, entschädigt werdest. Ich bin durch die Entledigung einer persönlichen Last, durch die freie Disposition über mein Kapital und durch den wahrscheinlichen viel größeren Ertrag deiner freien Arbeit hinreichend entschädigt.“

Dieses scheinbar gründliche und rechtliche Raisonnement ist die eigentliche Grundlage der ökonomischen Verwirrung unseres Jahrhunderts. So wurden alle natürlichen Geschäfte des Menschen, alle Amtsverrichtungen, welche ihm die Vorsehung auferlegt hat, Ackerbau, Künste, Handel, Erziehung, Staatsdienst u.s.f. zu eitlen *Geldgewerben* herabgewürdigt: die Welt zu einer großen Manufaktur, zu einem unermeßlichen Markte. Für aller Weisheit Gipfel galt es, die alten natürlichen Zustände der Menschen zu zerstören und durch künstliches Fabrikwesen zu ersetzen. Leben hieß Geld erwerben; regieren hieß, die Natur, welche Gott erschaffen, durch eine andere künstliche Natur, durch eine große Geldschöpfung ersetzen.

Ersetzen – falls sie sich ersetzen ließ: die neumodische *Ackerwirtschaft*, ein Zweig jenes großen Manufaktursystems, beruht auf der Meinung, daß sich das Getreide durch Geld ersetzen lasse, auch wenn es nicht vorhanden sei; die Menschenarme durch Geld, auch wenn man ihrer nicht habhaft werden könne; die *Künste*: daß sich der menschliche Geist ersetzen lasse durch Maschinen und Geld; der neumodische *Staat* darauf: daß sich die Liebe zur Sache, welche in allen Werken das Höchste tut, durch Geld, Ergebenheit und Treue in Not und Gefahr durch Geld ersetzen lasse.

Diese törichte Ansicht der Dinge, der innerliche Grundpfeiler der den Namen *Liberalität* entweihenden, täglich mehr um sich greifenden und verderblicher werdenden Gesinnung entwickelte sich am vollständigsten in Großbritannien, daher auch dort am frühesten die unvermeidliche

Züchtigung eintrat. Der Stamm jenes Landes blieb unberührt, dank sei es den gotischen Formen und der unerschütterlichen Festigkeit des feudalistischen Kerns der britischen Verfassung sowie der Zähigkeit ihrer Körperschaften und der Sprödigkeit ihrer Juristen; aber unter den Lockungen des Welthandels und eines gewissen Berufes zum Vorrange im Reiche der Industrie gewann das künstliche Fabriksystem im Gebiete der Künste wie des Ackerbaues über das ältere natürliche System der korporativen und familienartigen Betreibung dieser Geschäfte in England ein so furchtbares Übergewicht, daß in demselben Verhältnisse, als einerseits eine Vermehrung der Population herbeigezwungen wurde, auch andererseits die Masse der Hände, welche in der großen Arbeitsmaschine bald hier, bald dort, teils überflüssig, teils entkräftet wurden, anwuchs. Wöchentlich wurden tausende durch veränderte Konjunkturen des Handels, wechselnde Bedürfnisse des Weltmarktes und hundert andere Gebrechlichkeiten des neuen künstlichen Systems in Brotlosigkeit versetzt und fielen der Armentaxe, d. h. den Kirchspielen zur Versorgung anheim. Dabei war die kaum erträgliche Bürde dieser Taxe noch das geringere Übel; die persönliche, moralische Entwürdigung dessen, der sich im Vollbestande seiner Kraft, mitten im Lande der vielgepriesenen Freiheit in Armen-, d. h. in Sklavenstand versetzt sah, war das größere. Hätte selbst die Nation den Unterhalt dieser Brotlosen nicht auf die Gemeinden werfen, sondern vermittelst parlamentarischer Taxen mit gleichen Schultern tragen wollen, so blieb nichtsdestoweniger der Teil der Nation, welcher empfangen sollte, vor dem welcher zu geben hatte, herabgewürdigt, und alle Segnungen der freien britischen Konstitution hatten es nicht verhüten können, daß mehrere hunderttausende freier Bürger nebst den Ihrigen als müßige Leibeigene und Kostgänger des Gemeinwesens dem Staat wie ein abgestorbenes Glied nachschleppten. Zur Ehre der britischen Nationaldenkungsart darf nicht übersehen werden, daß diese letztere Erwägung noch mehr als die Last der Armentaxen selbst zur Entstehung der *Sparbanken*, als einer der zweckmäßigsten Gegenanstalten, Veranlassung gegeben hat.

Ich glaube ein Recht erworben zu haben, mein verehrter Herr, dieses allgemeine angeblich liberale Fabriksystem, welches alle natürliche Ordnung in Europa zu verschlingen droht, bei seinem wahren Namen zu nennen und als ein Universalverderben anzuklagen, weil ich nicht müßig gewesen bin, wenn es darauf ankam, das *echte, wohltätige* Fabriksystem, die wahre Industrie und sebst die Wundermacht des Geldes, inwiefern dies alles in seinen natürlichen Schranken blieb, mit Begeisterung zu verteidigen. Bis jetzt ist die Wurzel des alten Europa noch nicht ganz ausgerottet; der alte Grund unseres Wohlstandes ist noch nicht ganz aufgewühlt; Stände, Korporationen, Familien bestehen noch, trotz allen unseren Theorien, die ihnen den Tod geschworen haben; der weise Einkäufer einer englischen Ware fragt noch immer, ob sie town made (aus den ehrsamen Zünften der Stadt London) oder aus den Fabriken und Mühlen von Birmingham hervorgegangen sei, und läßt sich durch keine Theorie über relative Schlechtigkeit der letzteren Ware verblenden; die alte Ordnung der Dinge ist überschrien, aber nicht überwunden. Bis jetzt haben wir die Wunder der Fabriken, der Industrie und des Geldes in der Wirklichkeit nur neben jener alten Ordnung, *neben* jenem viel verrufenen Feudalismus des alten Ackerbaues und der alten geschlossenen Künste und Gewerbe agieren sehen. Welcher Zustand eintreten würde, wenn das neue System nach der Absicht unserer Theorien allein herrschen sollte, daran kann uns die dermalige Verfassung mehrerer Gegenden des nördlichen Deutschlands einen Vorgeschmack geben. Also hoffe ich, daß Sie mich für einen solchen anerkennen, der beides will: das vergängliche Fabriksystem, wo es hingehört, und die alten ewigen korporativen und ständischen Einrichtungen, wo sie hingehören.

In keiner europäischen Monarchie haben diese letzteren noch heute in praxi ein so entschiedenes Übergewicht als in Österreich; aber da sich kein Staat unseres Weltteiles den Gemeinschicksalen desselben ganz entziehen kann, so hat auch das Fabriksystem bei uns (und Sie wissen, daß ich unter diesem Ausdrucke mehr als das eigentliche System der Fabriken verstehe) seine natürlichen Grenzen überschritten. Auch bei uns hat sich daraus, wie in England, die unvermeidliche Folge, ein Überschuß von brotlosen Händen, von künstlicher Armut ergeben, der von seinen Mitbürgern herabgewürdigt und des Selbstgefühles freier Tätigkeit beraubt dasteht. Wenn ich für dieses große Übel das beste in England erfundene Heilmittel, nämlich die *Sparbanken* empfehle, so geben Sie zu, daß ich damit nicht die Ausschweifungen des Fabriksystems beschönigen oder permament machen will.

Gerade die *Sparbanken* sind ein kräftiges, obwohl unscheinbares Mittel, das Gleichgewicht herzustellen und die alte natürliche Ordnung, die ich meine, da, wo sie verdrängt worden, zurückzuführen. Dies ist der oberste Grundsatz, von dem man meiner innigsten Überzeugung nach bei Errichtung von Sparbanken in Österreich ausgehen müßte: Sie sollen dem einzelnen Arbeiter die Hand bieten, was er durch das Fabriksystem verloren hat, nämlich einen zuverlässigen Stand in der bürgerlichen Gesellschaft (un état, status) wieder zu erwerben. (...)

17.

Proletarisierung als Folge der Absolutsetzung von Markt und Konkurrenz

Versuche einer neuen Theorie des Geldes mit besonderer Rücksicht auf Großbritannien. Leipzig und Altenburg 1816. Grundlegungen einer neuen Theorie des Geldes, Zweites Kapitel: Von der Kugel, als ökonomisches Schema, S. 151–154.

(...) Es sind in der Tat die Konkurrenz, die Freiheit, der Markt, welche die wahren Werte bestimmen, welche die Produktion und den Lebensgenuß aller einzelnen nicht bloß befördern, sondern erst möglich machen und welche der gesamten Haushaltung des Staates die gerechte, sphärische Form geben; aber das ist eine *Konkurrenz*, bei der nicht die Bedürfnisse und Erzeugnisse dieses Augenblicks allein, sondern auch die ewigen, der ganzen unsterblichen Staatsfamilie konkurrieren; eine *Freiheit*, mit der die Freiheit der Nachkommen bestehen kann, die also nicht bloß durch die Freiheit der Zeitgenossen, sondern auch durch die Satzungen und Bedürfnisse der Vorfahren beschränkt wird; ein *Markt*, auf dem nicht bloß die vergänglichen Produkte des geteilten und isolierten Fleißes der Arbeiter, die gerade jetzt ihre Hände rühren, erscheinen, sondern auch der gesamte Nachlaß der Vergangenheit an Macht, Kredit, Weisheit und allen jenen unsichtbaren Gütern und Bedürfnissen, die, weil sie nichts anderes zu produzieren vermögen, als die Produktion selbst, von der ungläubigen Theorie für unproduktiv geachtet werden.

Kommen die abwesenden Zeiten und Menschen, die unsichtbaren Bedürfnisse und Güter des Menschen mit in Anschlag, wie es sich gebührt, so ist nun ein Allgemeines da, welches die Willkür beschränkt und zur Freiheit erhebt, so ist nun jene sittliche Notwendigkeit da, welche das besondere Bestreben gleich bei seinem Ursprunge durchdringt, und dem man sich mit dem Gefühle der Freiheit unterwirft, während die rohe Naturnotwendigkeit erst aus verzweifelnder Sklaverei oder aus der Asche ganzer Geschlechter eine neue Ordnung hervorzwingt, die auch erst, wenn sie vom Geiste der Freiheit anerkannt, also zur sittlichen Notwendigkeit erhoben wird, für eine bessere Ordnung der Dinge zu halten ist.

Wer nicht bloß an einzelnen Stellen die Bedürfnisse des höheren Lebens über die des gemeinen vergißt; wer in der goßen Masse des Volkes nichts sieht als den gefräßigen Magen und die harten schaffenden Hände; wer alle seine Vorstellungen der gesellschaftlichen Tätigkeit hernimmt von der Galeerensklaverei des städtischen Tagelöhners; wer über den Standpunkt des verkümmerten, mechanisierten Fabrikarbeiters nie hinausgeht, wer in den Ketten der edlen Metalle so tief befangen ist, daß er von einer Wechselwirkung persönlicher Kräfte, von gegenseitigen Dienstverpflichtungen ganzer Familien über den Raum der Jahrhunderte hinaus nichts ahnt; wer die Wiege der europäischen Freiheit, das feudalistische Mittelalter, wer diesen Quell aller stolzen Empfindungen nicht kennt, deren letzter Nachklang noch heute unser ganzes zerschlissenes, zerbildetes Dasein tröstend aufrechterhält; kurz, wer an nichts glauben kann als an das, was er greift und was ihm enge, städtische Zollhauserfahrungen oder Versuche an dem Kadaver der Weltgeschichte zu greifen geben – wie möchte der von dem Nationalkredit, von dem Reichtum und von der Haushaltung der Völker Rechenschaft geben können.

Der Gegensatz ist zu groß, die Industriewut zu allgemein, der Eifer der Gutgesinnten selbst auf zu geringfügige Übel gerichtet, als daß ich mich zu entschuldigen brauchte darüber, daß mit dieser ganzen Schilderung der rechtschaffene Adam Smith gemeint ist. Er selbst würde mich, spräche ich nachsichtiger über seine Theorie, nicht entschuldigen, wenn er nur den Schluß seines Jahrhunderts erlebt hätte oder wenn er seine Tagelöhner, welche eine goldene Zeit herbeiindustrialisieren sollten, heut von der Armentaxe zehren und millionenweis in die Methodistenversammlungen strömen sähe, nach einem Schimmer jener höheren Güter, die er in seinem Warenlager und auf seinem Markt nicht zu brauchen wußte.

Also der vollständige Mensch und alle unendlichen Richtungen seiner Natur und sichtbaren und unsichtbaren Bedürfnisse bilden die Kugel, welche sich nach dem Gesetze fortwachsend zum Staate, zur Staatshaushaltung erweitert. Das alle diese Richtungen sich untereinander bedingen und keine des Beistandes der anderen entbehren kann, bringt sie alle in einen gemeinschaftlichen Vereinigungspunkt: Beim Menschen ist dieser Vereinigungspunkt das Gefühl seiner Persönlichkeit; an dem Schema der Kugel ist es das Zentrum. Indem man dem Menschen Persönlichkeit zuschreibt, so behauptet man zugleich die Konvergenz aller seiner Kraftrichtungen, d.h. die Konvergenz aller Bedürfnisse, welche die Kraftrichtungen hervorreizen, also eine unendliche Verhältnismäßigkeit unter allen Funktionen seiner Kraft; da nun der Staat nichts weiter ist als der sich auswachsende Mensch, da von seiner Ganzheit der Bestand aller seiner einzelnen Kräfte abhängt, diese Ganzheit aber ebenfalls nichts ist als die unendliche Verhältnismäßigkeit der Teile, so ist die Betrachtung dieser Verhältnisse der Kraftfunktionen unter sich das Hauptstück aller Staatsweisheit. Zahlen reichen bei dieser Erwägung nicht aus: Nur eine Normalfigur, wie die Kugel kann ausdrücken, was gemeint wird. –

18.

Die drei ökonomischen „Klassen" von „Landeigentümer", „Kapitalist" und „Arbeiter"

Die Elemente der Staatskunst. Bd. 3, Berlin 1809. Fünfundzwanzigste Vorlesung: Von der Wechselwirkung zwischen den Naturkräften und der Vergangenheit, oder zwischen Land, Arbeit und Kapital, S. 7 f., 12–16.

Ebenso wie auf dem Problemfeld des modernen Proletariatsverständnisses werden bei Müller bereits Grundelemente des modernen Klassenbegriffs, der Klassenspannung und des Klassenkampfs deutlich. Der Klassenbegriff wird während des 18. Jahrhunderts – im Zuge einer allgemeinen Übertragung der naturwissenschaftlichen Denkweise auf die Gesellschaft durch die Aufklärung – vom Klassifikationsbegriff von Naturphänomenen in den Klassifikationsbegriff gesellschaftlich-ökonomischer Faktoren transformiert. In diesem Sinne findet sich der Terminus „Klasse" zur Kennzeichnung produktiver Kräfte bei den Physiokraten (Quesnay, Necker) wie bei Adam Smith. In einem solchen Horizont bewegt sich auch Adam Müller, wenn er erläutert, es seien die „drei Elemente aller ökonomischen Wirksamkeit", nämlich „Land, Kapital und Arbeit" „in der bürgerlichen Gesellschaft an eine Klasse derselben besonders gebunden", die er als „Landeigentümer", „Kapitalist" und „Arbeiter" bezeichnet (II, 18).

(. . .) Zuerst Sir William Petty und nach ihm ausfürlicher und bestimmter Adam Smith zählen drei Quellen allen Reichtums, nämlich *Land, Kapital* und *Arbeit*; und hieraus hat sich eine Theorie von dem Werte oder Preise der Dinge gebildet, nach welcher derselbe aus drei Elementen zusammengesetzt ist: aus der *Landrente*, dem *Kapitalgewinnst* und dem *Arbeitslohn*. Diese Lehre ließe sich auch folgendergestalt ausdrücken: Bei aller Produktion arbeiten drei verschiedene Mächte, die Natur, der Mensch und die Vergangenheit; der Mensch nun, insofern er die Natur repräsentiert, ist er *Landeigentümer*; insofern er sich selbst repräsentiert, *Arbeiter*; insofern er die Vergangenheit vorstellt, *Kapitalist*. Für den Glücksvorzug, Stellvertreter der Natur zu sein, zieht er den Tribut, den der Mensch bei allen seinen Genüssen der Natur zu zahlen verbunden ist, zieht er die *Landrente*; für den Kraft- und Verdienstvorzug, sich selbst vertreten oder bei der allgemeinen Produktion mit seinen Leibes- und Seelenkräften unmittelbar mitwirken zu können, zieht er den *Arbeitslohn*; das Kapital endlich stammt aus früherer Wechselwirkung beider, der Natur und der menschlichen Arbeit, her und erhöht die dermaligen Kräfte sowohl des Menschen als der Natur: Folglich gebührt dem Inhaber des Kapitals noch ein besonderer Anteil an aller neuen Produktion; und dies ist der Kapitalgewinnst. (. . .)

Diese drei Elemente aller ökonomischen Wirksamkeit in das größtmögliche Gleichgewicht zu bringen, ist, da sie einzeln genommen, wie ich oben gezeigt habe, unendlichen Schwankungen unterworfen sind, eine Hauptaufgabe für die Staatswirtschaft. Jedes von den drei Elementen – Land, Kapital und Arbeit – ist in der bürgerlichen Gesellschaft an eine Klasse derselben besonders gebunden, wiewohl in den meisten Fällen der einzelne Bürger seinen Wert (what he is worth) von allen dreien herleitet. Im Ganzen genommen können wir die Gesellschaft einteilen in Landeigentümer, in Kapitalisten und Arbeiter, obgleich in den meisten Fällen der Landeigentümer für die Urbarmachung, Melioration und Instanderhaltung seines Grundeigentums ein Kapital anwenden und auch arbeiten wird, um direkten Ertrag selbst zutage zu fördern; wie ferner der Kapitalist sehr häufig aus einer früheren Landrente sein Kapital herleitet und auch – wie es z.B. geschieht, wenn er Grundeigentum pachtet – mit der eigenen Arbeit sein Kapital in Bewegung setzt; wie endlich der Arbeiter, wenigstens insofern er hat sein Metier lernen und also ein Kapital aufwenden müssen, auch als Kapitalist zu betrachten ist. (...)

Je volkreicher und je kultivierter die Staaten werden, um so mehr tritt das Glück an den Tag, über die Kräfte der Natur als unmittelbarer Landeigentümer gebieten zu können: Die Landrente steigt also im Verhältnis zum Arbeitslohn. So ist der Kapitalgewinnst bei der Entstehung der Staaten im Verhältnis zu den beiden, dem Arbeitslohn und der Landrente, unendlich groß, weil der Beistand der Vorfahren noch unmittelbarer mit seinem großen Einflusse erkannt wird, weil die Kapitalien nicht sogleich die gehörige Umsetzbarkeit und Beweglichkeit gewinnen und weil das Metallgeld, welches sie darstellt, an einzelnen Orten mit kindischer Vorsorglichkeit aufgehäuft, überhaupt noch nicht alle Teile der bürgerlichen Gesellschaft zu durchdringen vermag. Im Verfolge der Zeit läßt der Kapitalgewinnst mehr und mehr nach; in dem Maße, wie sich die Repräsentationsmittel des Kapitals, Geld und Papier, vermehren und alle Teile der Gesellschaft in zutrauensvolle Berührung treten, wird das Kapital von der Landrente und dem Arbeitslohn übereilt. Unter allen diesen Schwankungen in Zeit und Ort gibt es indes mittlere Werte sowohl des Landes als des Kapitals und der Arbeit, die der Staatsmann in der Bewegung kennen lernen und danach das große Gleichgewicht zwischen Glück und Verdienst und Vergangenheit zu regieren hat.

In der wahren Lage der Sachen dient eines von diesen Elementen des Reichtums dem anderen zur wohltätigen Hemmung, bald auch wieder zur ebenso wohltätigen Beschleunigung, sodaß die wahre rhytmische Beschleunigung aus ihrer gleichmäßigen Wechselwirkung notwendig hervorgehen muß. – Das Grundeigentum, welches mit aller seiner Wirksamkeit an den Wechsel der Jahreszeiten gebunden und mit aller Betriebsamkeit der Welt nicht über ein gewisses von der Natur selbst angewiesenes Maximum des Ertrages hinaus zu meliorisieren ist, gibt der Bewegung der bürgerlichen Gesellschaft die gehörige Gelassenheit und Ruhe, *hemmt* den Übermut der auf ihre Kräfte pochenden Arbeiter, setzt der zu unendlicher Vervielfältigung, zu geometrischen Progessionen geneigten Industrie Schranken. (...)

19.

Der soziale Klassenbegriff: Die „Klassen" der „Arbeiter und Rentenierer" – „feindselig gegeneinander gestellt"

Staatswirtschaftliche Verlegenheiten in England und Reform der Geldverhältnisse in Österreich. In: Adam von Müller's gesammelte Schriften. Bd. 1, München 1839, S. 196, 199, 201.

In Französischer Revolution und Frühsozialismus erfolgt der Übergang von der ökonomischen Klassifikation der Produktivkräfte zur sozialökonomisch-politischen Verwendung des Klassenbegriffs (Abbé Sieyès) unter Einbeziehung der Kriterien von Besitz und Nichtbesitz, Über- und Unterprivilegierung, Herrschen und Beherrschtwerden bis hin zu Klassenspannung und Klassenkampf. Dies wird besonders deutlich bei Saint-Simon.

In diesem Sinne und mit Blick auf englische Verhältnisse kritisiert Müller zunächst eine wirtschaftsliberale mechanische Trennung von Kapital und Arbeit und eine damit verbundene unorganische, d.h. mechanische Teilung in Klassen: „Kapital und Arbeit" stehen sich hier ohne den persönlichen und sozialverpflichtenden Ordnungsrahmen einer ständischen Ordnung der solidarischen Gegenseitigkeit gegenüber, ohne den „Geist der Zusammensetzung dieser beiden Systeme", ohne „geistiges Band", von der wirtschaftsliberalen Theorie nur in „toter Absonderung oder Abstraktion", statt als gleichwertige „Organe" eines „Leibes" begriffen (II, 21). Folglich seien die „Klassen der Arbeiter und Rentenierer" oder Kapitalisten „schon hinreichend feindselig gegeneinandergestellt" (II, 19), in „feindselige Massen" oder in „zwei getrennte Völker" gespalten (II, 21).

Je größer und je begründeter die Besorgnisse sind, mit denen die wahren Kenner und Freunde von England den dermaligen, höchst bedenklichen Zustand der gesamten Staatswirtschaft von Großbritannien betrachten, um so mehr drängt sich die Frage auf, was aus dem Handel und industriellen Verkehre des europäischen Kontinents, insbesondere Deutschlands werden sollte, wenn jene große gemeinschaftliche Grundlage des Gesamtkredits unseres Weltteiles über kurz oder oder lang erschüttert werden sollte. (...)

Am allertätigsten aber waren die staatswirtschaftlichen Theorien der Zeit. Laßt den Privatmann gewähren, hieß es: der Privatmann kennt seinen Vorteil; der Eigennutz reguliert diese Dinge am besten; der einzelne wird sich nach dem Marktpreise zu richten haben; Gewinn und Preis bestimmen die Arbeit, also die Masse der Erzeugung; diese Verhältnisse ordnen sich untereinander von selbst: nur beschränkende Verordnungen von oben herab können ihren ruhigen Gang unterbrechen und stören. (...)

Man hat das dermalige England mit dem Bienenstaate verglichen: Durch das unermeßliche Schuldensystem zerfällt die Nation in die beiden großen Klassen der Arbeiter und Rentenierer oder der Stocksinhaber und der erwerbenden Engländer, d.h. der Zahler jener Taxen, worauf die Zinsen der Stocks fundiert sind. Beide Klassen sind schon hinreichend feindselig gegeneinandergestellt. Nun aber tritt der Unfriede hinzu, den das neue Ackersystem in die erwerbende oder manufakturierende Klasse gebracht hat, dadurch, daß der mittlere Getreidepreis dem Ackerfabrikanten viel zu niedrig und zugleich dem Warenfabrikanten viel zu hoch ist, als daß sein Gewerbe dabei bestehen könnte. (...)

20.

Teilung der Gesellschaft in eine „drückende" und in eine „gedrückte Hälfte", in „Amboß- und in Hammersein"

Von der Notwendigkeit einer theologischen Grundlage der gesamten Staatswissenschaften und der Staatswirtschaft insbesondere (1819). XIV: Übergang zu den Vorbegriffen der Ökonomik, b) Wie die falschen Theorien diese Hausordnung umkehren und verstümmeln. In: Adam von Müller's gesammelte Schriften, Bd. 1, München 1839, S. 54f.

Der Klassenspaltung folgt der Klassenkampf, zum einen von oben, denn das „öffentliche Leben des Menschen zerschneidet sich in eine drückende und in eine gedrückte Hälfte", in „Amboß- und in Hammersein" (II, 20); zum anderen von unten, denn es werde dahin kommen, daß die Persönlichkeit, das „geistige Kapital" des Arbeiters sich „an seinen Verächtern unfehlbar rächt" und „die unterdrückte Natur und den unterdrückten, mechanisierten Arbeiter wieder befreit" (II, 22).

(...) Sklaverei, ja Wechselsklaverei (ein Zustand des gemeinsamen Elendes, von dem die heidnischen Völker keine Vorstellung hatten, deren Sklaverei doch eine mehr einseitige war) ist überall da, wo das ganze öffentliche Verhältnis der Menschen ein bloß sächliches, auf Sachen, auf Ertrag, auf Geld, gerichtetes Verhältnis ist. Der Despot ist wieder Sklave seines Sklaven, wie das Beispiel der heidnischen römischen Kaiser und der orientalischen Selbstherrscher beweist und wie das Verhältnis des heutigen europäischen Manufakturherren gegen seine Taglöhner und Ludditen sowie des souveränen Fürsten gegen seine Untertanen (das souveräne Volk) noch gründlicher darlegt. Inwiefern es nun bei allem Staats-, Lehr-, Kriegsdienst, Landbau, Kunst, Handel auf den bloßen Ertrag, auf Lohn, auf Pension, Einkommen, Geld abgesehen ist, ist auch die wahre Freiheit und alle Würde aus der Welt herausfabriziert worden. Es ist ein unnatürlicher Zustand, und das europäische Geldwesen in der absoluten Gestalt, wie es dermalen schon besteht, hat die ganze Natur der Dinge und die gesamten Ordnungen Gottes gegen sich. Welcher Fürst, Gutsherr, Industrie- und Handelsmann oder Hausvater bloß auf einen Ertrag von Besitz, Glück, Genuß, Reichtum, verkäufliches Produkt, kurz Geld, ausschließend hinarbeitet, der organisiert an seinem kleinen oder größeren Orte nichts anderes als doppelte und gegenseitige Sklaverei, um so verderblicher, als deren unbedingtes Gewährenlassen gerade von diesem verblendeten Geschlechte für die höchste Stufe der Freiheit geachtet wird. Durch eine solche Veranstaltung wird der Status des einzelnen Menschen, sein edelstes Eigentum, seine Persönlichkeit ein unnützes Beiwesen, welches für die unermeßliche Geldkompanie, die nunmehr Staat genannt wird, keinen Wert hat. Der höhere Teil des Menschen, der Sitz der Ehre und aller der Gefühle, die ihn adeln und die, wenn sie mit Füßen getreten werden, ihn zermalmen und alles Bestehende in seinen Ruin hinabziehen, wird nicht geachtet, weil es nicht in Geld umzusetzen ist; nur Teile des Menschen, nur einzelne Kräfte sind in der großen Fabrik zu gebrauchen; nicht der ganze Mensch, der zugrunde gehen möge, wenn das Sächliche an ihm, das Geldes- und Taglohnwerte, durch Alter, Krankheit oder irgendeine der unzähligen Wendungen der europäischen Bedürfnisse und Moden in der großen Geldmaschine unbrauchbar würde. Der eigentliche Mensch steht in solcher Verfassung der Dinge immer hors de la loi: Er ist des edleren Restes seiner Persönlichkeit nur dann mächtig, wenn er die tierischen Funktionen verrichtet, wenn er ißt, trinkt und schläft; kurz überall nur da, wo er *nicht* für den Staat und für das Gemeinwesen lebt. Das öffentliche Leben des Menschen zerschneidet sich in eine drückende und in eine gedrückte Hälfte: in „Amboß- und in Hammersein".

21.

Teilung in die zwei „feindseligen Massen" eines „Arbeits-" und eines „Kapitalistenvolks" durch mechanische Trennung von Kapital und Arbeit

Die innere Staatshaushaltung; systematisch dargestellt auf theologischer Grundlage (1820). VI: Vom Systeme der Staatshaushaltung insbesondere. In: Adam von Müller's gesammelte Schriften. Bd. 1, München 1839, S. 275–277.

(...) In der wahren Ordnung der Dinge ist jeder einzelne Haupt eines Staates und Glied eines Staates: Jeder einzelne *arbeitet* als Glied eines Größeren und *ist Kapital* als Haupt eines besonderen Staates. Dies ist z. B., wie schon oben bemerkt, das eigentliche Wesen der britischen Verfassung und der Grund einer gewissen dunklen aber unwiderstehlichen Neigung, welche die edelsten und aufgeklärtesten Zeitgenossen für die inneren Verhältnisse jener glücklichen Insel nähren. Aber je mehr die staatswissenschaftlichen Theorien des Jahrhunderts und der herrschende Wahn von der Veräußerlichkeit aller Dinge (das auch unter dem Namen der Liberalität bekannte System) um sich gegriffen und auch das Volk der Briten angesteckt hat, um so mehr sehen wir selbst in England den wirklichen ökonomischen Zustand der Nation mit ihrer Verfassung in Widerstreit treten. Man hat die Bemerkung gemacht, daß sich England infolge seines auf dem Grundsatze der Veräußerlichkeit aller Dinge beruhenden Steuer- und Schuldensystems der Natur eines Bienenstaates annähere und so wie dieser in ein taxenzahlendes Arbeitsvolk und in ein anderes müßiges Kapitalisten- und Rentenierervolk zerfalle, für welches letztere der größte Teil der Taxen erhoben werde. Diese in hohem Grade wahre Bemerkung würde in die Sprache unseres gegenwärtigen Werkes übersetzt also lauten: Die beiden Gestalten, unter denen jeder einzelne Bürger erscheinen soll als Haupt eines Staates oder Kapital und als Glied eines Staates oder als Arbeiter, haben sich in England, wo gerade die Verfassung auf eine unzertrennliche Verbindung beider hingerichtet war, voneinander getrennt und stellen sich in einem gewissen aufgelösten Zustande, wie z. B. die Anatomie der menschlichen Körper, in ihrer elementarischen Einseitigkeit dar; Kapital und Arbeit, die sich überall wie Material und Werkzeug wechselseitig unterstützen und tragen sollen, zeigen sich in England in große und deshalb natürlicherweise feindselige Massen getrennt. – Wir finden diesen Zustand der Dinge, indem wir ihn, um des hochgeachteten Ganzen willen, das er befallen hat, innig beklagen, lehrreich, wie wir die Französische Revolution, wie wir den Tod selbst lehrreich finden, weil er uns einen anatomischen Blick in die Elemente des Lebens gestattet. Die Revolutionen unseres Jahrhunderts haben uns den politischen Leichnam kennen gelehrt und dadurch der Wissenschaft unendlich gedient, wenn sie auch bis heute nur in tiefere Irrtümer verfallen wäre, dadurch nämlich, daß sie den Leichnam mit dem lebendigen Leibe verwechselt, wie dieses leider in allen öffentlichen politischen Verhandlungen der Zeit noch der Fall ist.

Glaube daher niemand, daß er den Leib begriffen habe, weil er Anatomie gelernt, oder daß er den Staat verstanden, weil er bei den politischen Sektionen unseres Jahrhunderts zugegen gewesen und die Elemente des Staates unterscheiden gelernt. So sind auch die beiden Elemente, die wir dargelegt, nämlich Material und Werkzeug oder Kapital und Arbeit oder die Unterscheidung des Menschen in seinen Funktionen als Haupt und Glied, so gewiß sie auf der Natur der Dinge beruhen und auf jedem derselben sich ein ganzes System, nämlich das System der Arbeit einerseits und das System des Kapitals andererseits begründet, nur Elemente, die sich in toter Absonderung oder Abstraktion niemals begreifen lassen. So wie nämlich unter dem Messer des Anatomen mehr und mehr das wahre Lebensgeheimnis, das geistige Band entweicht, wodurch alle Organe ihren Wert und ihre Bedeutung erhielten, so würde uns auch gerade in dem Maße, als wir die beiden Systeme der Arbeit und des Kapitals strenger voneinander absonderten und gründlicher in ihrer Einzelheit übersehen lernten, das wesentlichste Stück der Politik, nämlich der Geist der Zusammensetzung dieser beiden Systeme, entweichen.

Es ist unverkennbar, daß sich England in dem Maße auflöst und dem politischen Tod nähert, als sich die beiden Systeme, welche lebenswarm zusammengreifen und in der Wirklichkeit nur als Eines erscheinen sollen, sich trennen und als zwei getrennte Völker, als Volk der Arbeiter und als ein Volk der Rentenierer äußerlich getrennt darstellen. Das Prinzip der Arbeiter ist das Prinzip des Schaffens, des Fortschreitens, also der Liberalität; das der Rentenierer ist das der Erhaltung, des Bleibens und der Legitimität. Beide diese Prinzipe sollen im Gleichgewicht stehen, in jedem Hause, ja in jeder Brust, weil in keinem Hause und in keiner Brust Ruhe möglich ist ohne ihr Gleichgewicht. Das eine Prinzip beruht auf dem Rechte, das andere auf der Klugheit und dem Nutzen. So wie aber keine Harmonie zwischen dem Rechte und dem Nutzen möglich ist ohne Hilfe von oben, von Gott, so ist auch das Arbeitssystem einer Nation mit dem Kapitalsysteme in Übereinstimmung zu bringen nur durch die Religion. (...)

22.

Durchsetzung einer Entwicklung, welche die „unterdrückte Natur und den unterdrückten, mechanisierten Arbeiter wieder befreit"

Die Elemente der Staatskunst. Bd. 3, Berlin 1809. Siebenundzwanzigste Vorlesung: Daß die Abgaben des Bürgers Zinsen des geistigen National-Kapitals sind, S. 79–82.

(...) Die Natur und der Boden mit ihren ewigen Gesetzen einerseits reagieren gegen die unendliche Beschleunigung und Reproduktion, zu der das physische Kapital geneigt sein möchte; der Geist reagiert unaufhörlich gegen die Teilung und Mechanisierung der Arbeit, die Adam Smith so hoch anschlägt; der Geist will den Menschen in seiner Persönlichkeit behaupten. Land und Geist müssen also in ihrer ewigen Natur der Wissenschaft vindiziert und ihr von Hause aus einverleibt werden, damit nicht mitten in dem schönen Lauf unserer Industrie Grund und Boden mit ihren ewigen Naturgesetzen sich geltend machen, daß sich die Natur für unsere Nichtachtung rächt; damit nicht mitten in der wohlberechneten Teilung aller Arbeitsfunktionen plötzlich die Persönlichkeit der Völker erwache, sich gegen den toten unmenschlichen Mechanismus sträube, und so die segensreiche Kraft des Geistes zum Fluche der bürgerlichen Gesellschaft werde.

Hätte Adam Smith die große Schule unserer Zeit erlebt; hätte der große Mann, der unvergleichliche Gelehrte, die Staatswirtschaft aus deutschen Gesichtspunkten betrachten können; hätte er die furchtbare Teilung deutscher Arbeit und deutschen Lebens gesehen und erlebt: so würde ihm selbst alles klar geworden sein; die revolutionäre, levellistische Richtung seines Werkes hätte er zuerst verdammt: er wäre ein göttlicher Apostat geworden, wie Burke. Vom Standpunkt des physischen Kapitals aus zeigen sich Land und Arbeit, oder Natur und Mensch, gerade so, wie er sie darstellt: Da steht das Land nur der physischen Kapitalisierung bei; da gibt sich die Arbeit durch ihre Teilungsfähigkeit nur der Anwendung des Kapitals hin. Aber da es ein anderes geistiges Kapital gibt, welches im einzelnen und im ganzen sich verhüllen, verdrängen und beengen läßt durch römische Gesetze, allgemeines Modestreben nach Gold und Indien, welches sich über kurz oder lang an seinen Verächtern unfehlbar rächt, welches, wenn es hervordringt, die unterdrückte Natur und den unterdrückten, mechanisierten Arbeiter wieder befreit, und dem ganzen ökonomischen Leben und dem Werte aller Dinge eine andere Gestalt gibt: so ist das bestimmte System des Adam Smith ein vergängliches.

Was kann uns Menschen, die wir zwischen Himmel und Erde, vom Geiste und vom Körper gleich abhängig leben, überhaupt in irgendeiner Beziehung eine bloß physische Ordnung der Dinge helfen, was der bloße körperliche Besitz, was die physische Freiheit des Verkehrs! Alle Modeverfassungen unserer Zeit berufen und stützen sich auf Adam Smithsche Grundsätze, von Befreiung aller Schranken des Gewerbes und des Bodens: Die Barrieren verschwinden im Innern der Reiche; aber draußen an den Flüssen oder an den Küsten entstehen, anstatt der Barrieren, Mauern, unübersteigliche Mauern, und für die lokale physische Befreiung wird der Geist in Fesseln geschlagen, die allen physischen Lebensgenuß verbittern, wenigstens um ebensoviel wieder beengen als er scheinbar befreit worden ist.

Also besteht alles sinnreiche und wahrhafte und würdige Leben in unendlicher Vermittlung zwischen dem Geistigen und Körperlichen. Deshalb habe ich es für das eine, was not ist, gehalten, dem allzu geistigen Recht einen *Körper* und dem allzu groben, körperlichen Nutzen eine *Seele* zu geben, oder das Recht durch einen Körper, den Nutzen durch eine Seele, und so Körper und Seele, Nutzen und Recht, wie es die Natur anzeigt und verlangt, wechselwirkend, eins durch das andere, zu garantieren. (. . .)

III. ORGANISCHE RECHTS- UND VERFASSUNGSLEHRE

Die beiden legitimationstheoretischen Zentralbegriffe der organischen Gesellschaftslehre Adam Müllers – und mit ihr seiner organischen Rechts- und Verfassungslehre – stellen, wie schon erwähnt, Natur als Schöpfungsordnung und ontologische Basis der Ethik sowie Geschichte als Medium und Tradition als Bewährungsrichtmaß organisch- naturhafter, zeit- und menschengerecht angepaßter gesellschaftlicher Institutionenentwicklung dar (vgl. auch die Erläuterungen bei Text I, 3).

Von hierher ist Müller bestrebt, auf der Grundlage einer Wiederherstellung des Seinsprimats in der Ethik im Sinne der antik-christlichen Naturrechtstradition über den Natur und Ethik verbindenden organischen Naturbegriff gegen folgende von ihm kritisierte Fehlentwicklungen in der Rechtstheorie vorzugehen:

Gegen das apriorische, Natur und Ethik trennende Vernunftrecht der Aufklärung gewendet spricht Müller von einem falschen „bisherigen Naturrecht“ im Sinne einer nur „vermeintlichen Natur- oder Vernunftmoral“, eines nur vermeintlichen „Natur- oder Vernunftrechtes“ (IV, 30), das einer „Fabelwelt“ (III, 23) entstamme und das von der wahren, ontologisch bestimmten Natur „unzertrennliche ethische Element“, wie schon oben erläutert, „zu verleugnen sucht“ (I, 1).

Dem hält Müller als Quelle des wahren, weil organisch Natur und Ethik vereinenden, Naturrechts die ontologisch begründete „unabänderliche natürliche Ordnung aller Dinge“ (III, 23), ihre „ewige Natur“ (II, 15), die „Natur des Menschen“ (III, 24), „das durch der Natur ... Macht Angeordnete“ (III, 23) entgegen.

Die Vertragstheorien mit der „Annahme eines allgemeinen philosophischen Urkontraktes“ (I, 7) weist Müller mit der seinshaften Hinordnung des Menschen auf die Gemeinschaft ab, wonach das Recht als bindende zwischenmenschliche Ordnungsregel bereits aus dem „natürlichen Zustande“ des Menschen stamme, in dem er „immer Gesetz und Fall zugleich“ ist: „So muß das Wesen des Rechtes überall vorhanden sein, wo es Menschen gibt“ (Die Elemente der Staatskunst, Zweite Vorlesung).

Dem formalistischen, letztlich auf dem bloßen Zwangsbegriff basierenden Rechtsverständnis in idealistischer Philosophie (Kant, Fichte) und in der Verbindung von apriorischem Vernunftrecht der Aufklärung mit der Staatstheorie des aufgeklärten Absolutismus begegnet Müller mit dem

Prinzip der Legitimation des gesetzten Rechts durch die Übereinstimmung mit dem Naturrecht im Sinne der Schöpfungsordnung, der lex naturalis.

Dieses Naturrecht besitzt als vorstaatliches Recht seine Verbindlichkeit unabhängig von jeder staatlichen Anerkennung. Es ist geltendes Recht, das von Natur her bereits ontologisch „positiv" (III, 23), „lebendig ist, d. h. welches sich selbst garantiert, nicht erst an eine auswärtige, mit ihm in keiner Verbindung stehende Macht oder Zwangsanstalt zu appellieren oder von ihr abzuhängen braucht" (Die Elemente der Staatskunst, Siebzehnte Vorlesung).

Dagegen stehe in „Rechtslehre" und absolutistischer Staatstheorie das Recht als „bloße Präsumtion der Macht" (I, 9) im Vordergrund. Es gelte daher, „die Macht und das Recht in Harmonie zu bringen", nicht aber als „abgesondert" zu behandeln (Die Elemente der Staatskunst, Siebzehnte Vorlesung).

Die Positionen Müllers zu Recht und Geschichte sind in manchen Fehldeutungen denjenigen der 1814 begründeten historischen Rechtsschule Carl Friedrich von Savignys zugerechnet worden. Diese betrachtet – im Versuch, zwischen dem Vernunftrecht der Aufklärung wie dem revolutionären Naturrecht des Liberalismus einerseits und dem absolutistischen bloßen Macht-Recht andererseits einen dritten, ausdrücklich nicht naturrechtlichen Weg zu finden – die richtige Rechtsentstehung, besonders ausgeprägt bei Savigny, als unbewußten Akt einer Art sittlich-pantheistischen Volksgeistes. Damit sind rechtspositivistischen Abwegen, wie sie in der Zeit nach Savigny immer mehr an Kontur gewinnen, keine ausreichenden Schranken gesetzt.

Müller dagegen akzentuiert einerseits das in der thomistischen Tradition bis dahin noch wenig entwickelte Element des Werdens und der Geschichte, stellt jedoch andererseits die Funktion der organischen Gesellschaftslehre als Inbegriff eines ontologisch-normativen, christlichen Naturrechtsdenkens als kritisch-ethisches Richtmaß des Bestehenden einem bloßen historischen Positivismus diametral entgegen.

Wenn er demnach das seit Generationen praktizierte und historisch konsolidierte Rechtswesen des Absolutismus „seiner äußeren Natur nach rechtszerstörend, seiner inneren Natur nach durch und durch unrechtlich" nennt (I, 7) und ihm vorwirft, es betrachte seins- und geschichtsfremd die Gesellschaft als bloßen Mechanismus oder als Maschine in der Hand der höchsten Gewalt, so strebt er mit seinem „positiven" Naturrecht nichts anderes an, als den antiständischen Absolutismus auf die Ebene der rechtszerstörenden Französischen Revolution zu stellen, sich selbst aber, obwohl Naturrechtler, als durch und durch antirevolutionär zu beweisen.

Mit vollem Nachdruck polemisiert Müller gegen den preußischen

Absolutismus und fordert nach dem Vorbild Englands sowie in Orientierung an dem britischen Liberalkonservativen Edmund Burke (1729–1797) eine organisch-ständische Verfassung und Nationalrepräsentation gegen jede Form nur mechanischer „Autokratie“ des Monarchen (III, 26). Darüber hinaus tritt er für „Preßfreiheit und öffentliche Meinung“ (III, 27) ein zur Vermeidung von „Revolutionen“, die bei Verweigerung des Erläuterten das nicht haltbare, weil unorganische Gegenwärtige „unfehlbar zerschmettern werden“ (II, 13).

Organisch steht hier für die natürliche Beteiligung der ständischen, die Individuen gesellschaftlich integrierenden, Glieder oder Organismen im gesellschaftlichen Gesamtorganismus auf der öffentlichen, politisch-staatlichen Ebene.

Friedrich Gentz (1764–1832), ein enger Freund Adam Müllers, hatte 1793 als Übersetzer das deutsche Lesepublikum in der Breite mit Burkes Hauptwerk „Reflexions on the Revolution in France“ (1790) bekannt gemacht. Im Liberalkonservatismus Burkes sieht Müller das ideale und von ihm gleichsam als von einem „deutschen Burke“ für die deutschen Verhältnisse entsprechend zu transformierende Vorbild.

Burkes exemplarische Verbindungen von ständischem Denken mit antietatistischer Tendenz, von schöpfungstheologischem Naturbegriff mit Geschichte, Tradition, Religion und Christentum und ganz besonders die Kritik der Französischen Revolution werden von Müller fortgesetzt, dabei an die preußischen Verhältnisse angepaßt und theoretisch verfeinert.

Bei allem ist zu beachten: Müllers gegen den Absolutismus gerichteter Reformkonservatismus enthält entsprechend der damaligen, durch die napoleonischen Kriege geförderten Entwicklung einer nationalen politischen Öffentlichkeit und Bewußtseinsbildung durchaus „liberale“ Elemente, wenn auch in den Grenzen, die er gegenüber dem konsequent liberalen Konstitutionalismus und Parlamentarismus sowie gegenüber der im Urteil Müllers nur mechanischen Gewaltenteilung Montesquieus zwischen Legislative und Exekutive zieht.

Diese „liberalen“ Elemente liegen neben dem Eintreten für „Preßfreiheit und öffentliche Meinung“ (III, 27) ferner etwa im – die deutsche Diskussion um ein Parteiwesen unter den damaligen Sichtweisen eröffnenden – Eintreten für „gründliche ständische Parteien“ in der Doppelgestalt von Adel und Bürgertum, mit „wirklicher und lebendiger Opposition“ (III, 26) gegeneinander und als „wahre Standes-Opposition“, welche die „Macht des Souveräns zugleich beschränkt und – erzeugt“ und in diesem Sinne von unten legitimiert (Die Elemente der Staatskunst, Neunte Vorlesung).

Es gibt im damaligen Preußen noch kein politisch oder ökonomisch liberal agierendes Bürgertum im Sinne einer zum Bewußtsein eigener Standortbestimmung gelangter politischer Bewegung. Eine sich im Deutschland dieser Zeit erst allmählich konsolidierende politische Publizistik steht unter der Führung der politischen Romantik und ist somit konservative Publizistik.

Die insofern entstehende politische Öffentlichkeit, als deren Pionier sich Müller versteht, ohne Parteienbasis und dementsprechend ohne Möglichkeit zur direkten politischen Aktion bleibt noch für Jahrzehnte auf die literarische Ebene verwiesen. In dieser Situation schließt Müller in Preußen das Bündnis mit der altständischen Adelsopposition als der einzig politisch aktionsfähigen Gruppierung gegen Hardenberg als Kanzler der Krone. Müller agiert in einem offenen verfassungspolitischen, bis zur Mitte des Jahrhunderts anhaltenden Schwebezustand, verursacht durch Hardenbergs Nichteinlösung seines auf eine preußische Nationalrepräsentation zielenden Verfassungsversprechens.

Müllers verfassungspolitisches und zugleich absolutismuskritisches Werk „Über König Friedrich II und die Natur, Würde und Bestimmung des Preußischen Monarchie“ von 1810 bot Hardenberg einen der Beweggründe, Müller, dem er durch Zensurmaßnahmen die Arbeit an einer mit Heinrich von Kleist herausgegebenen Zeitung unmöglich gemacht hatte, 1811 mit einer Mission nach Wien von Berlin zu entfernen.

23.

Recht, Natur und Geschichte

Von der Notwendigkeit einer theologischen Grundlage der gesamten Staatswissenschaften und der Staatswirtschaft insbesondere (1819). IX: Einwendungen gegen die Strenge des positiven Rechtsbegriffes. In: Adam von Müller‘s gesammelte Schriften, Bd. 1, München 1839, S. 27–30.

Wenn die Natur des Sittlichen, wie auch generell die „Natur, im wahren Sinne des Wortes“, einerseits vom Schöpfer selbst in der Schöpfungsordnung ontologisch positiviert worden und somit „der Inbegriff alles Gegebenen, Positiven, ohne unser Zutun Vorhandenen“ ist, andererseits sich als werdendes Naturrecht im historisch-organischen Werden und Bewähren gesellschaftlicher Institutionen manifestiert und sich auf diese Weise zugleich historisch positiviert, so besteht wahres Recht nur, „inwiefern es positiv und historisch bleibt, denn sein Wesen ist eben das Positive und die Historie“ (III, 23).

Mit diesen Prinzipien – gerichtet gegen den mit dem rationalistischen Vernunftrecht der Aufklärung verbundenen, geschichts-, gesellschaftsfremden und antiständischen Absolutismus – hat Müller „nicht das geschriebene Positive allein“ im Blick, sondern auch und besonders die „Autorität der Tradition“ in Gestalt der ungeschriebenen „Gewohnheitsrechte“, unter ausdrücklicher Bezugnahme auf das Beispiel der britischen Praxis des „common law“ (wie es in einer hier nicht wiedergegebenen Anmerkung Müllers zu Text Nr. 23 heißt).

Ferner will Müller mit dieser Argumentation zum Naturrecht als „positivem“

und Widerstandsrecht nicht nur die antiständischen Bestrebungen sowohl des Liberalismus als auch des damaligen preußischen Absolutismus treffen, sondern zugleich auch verdeutlichen, daß er mit dem revolutionären Naturrecht des 18. Jahrhunderts nichts zu schaffen habe.

(...) Es scheint, daß wir mit dem Rechte allein nicht fertig werden und daß es uns niemals befriedigen könne. Sollen wir aber deshalb, wie seit drei Jahrhunderten geschehen, unser altes, zuverlässiges, derbes, handgreifliches Recht durch den trüben Beisatz einer unbestimmten, unbegrenzten philosophischen Moral, über dessen Prinzip die Gelehrten selbst heut noch nicht einig sind, verunstalten lassen? – Soll deshalb alles, was durch den alten Rechtsbegriff unzweifelhaft, fest und dauerhaft wird, schwankend werden und zugrunde gehen? Das Recht ist nur, wenn es konsequent angewendet wird, denn sein Wesen ist eben diese Konsequenz; es ist nur, inwiefern es positiv und historisch bleibt, denn sein Wesen ist eben das Positive und die Historie; daher wird es durch die inkonsequente Beimischung solcher philosophischen Phantome wie des angeblichen Naturstandes, Naturrechts, Sozialkontraktes nicht nur verunstaltet, sondern absolut vernichtet. Die Natur, im wahren Sinne des Wortes, ist der Inbegriff alles Gegebenen, Positiven, ohne unser Zutun Vorhandenen, also die Quelle des eigentlichen Rechtes. Wie möchte dieses Recht Recht bleiben, wenn neben ihm ein anderes aus einer Fabelwelt, aus einer selbst erfundenen Natur, dem Werke unserer Gebrechlichkeit hergeleitetes Recht gelten sollte? Also das alte, gute Recht muß um jeden Preis gerettet werden, und die Frage ist nur, wie wir uns mit seiner tyrannischen Strenge versöhnen sollen.

Untersuchen wir, was sich in uns der Konsequenz des Rechtsbegriffs widersetzt. Zuvörderst ist es die *Klugheit*, welche anrät, sich nicht in letzter Instanz dem Gerichte der Kanonen und der Linienschiffe zu unterwerfen; dann ein aus einer höheren Region herstammendes Gefühl, das *Gewissen*, welches uns anmahnt, die Gewalt des in unsere Hände gelegten unzweifelhaften Rechtes mit gewissen Schonungen zu gebrauchen.

Aber wir erlangen weder eine *kluge* Einrichtung unserer bürgerlichen Verhältnisse noch eine wahre Befriedigung jenes echt moralischen *Gewissens* dadurch, daß wir Moral und Politik mit der Rechtslehre in eine trübe, geschmacklose Mischung bringen, wie es in dem heutigen Natur-, Staats- und Völkerrechte geschieht. Überzeugen müssen wir uns, daß neben dem Rechte, streng geschieden, aber ebenso unzertrennlich von ihm, die wahre Klugheit (Staatsklugheit, Politik, Staatswirtschaft) sich behaupten will und daß diese es mit dem Zukünftigen, mit der Sorge für den morgenden Tag und für die kommenden Geschlechter ebenso zu tun hat wie das Recht mit dem, was gestern festgesetzt worden und was die Vorfahren für uns gebaut und gegründet haben. Denn gesetzt auch, die unwandelbare Naturnotwendigkeit waltete allein über uns, so würden wir immer das von ihr unmittelbar *Gegebene*, die Vergangenheit von der Zukunft unterscheiden müssen, welche eben diese kalte Notwendigkeit mittelbar, unter unserer Mitwirkung erst zu *machen* scheint. Folglich, inwiefern wir auch auf dem bloßen natürlichen Standpunkt verweilten, würden wir immer außer der Wissenschaft des Gegebenen und Positiven in den bürgerlichen Verhältnissen oder dem *Rechte* einer Wissenschaft des Machens, Einrichtens, Vorsorgens, kurz der *Klugheit* bedürfen.

Die Wissenschaft des Rechtes lehrt die positiven und historisch begründeten Gesetze, das durch der Natur und der Vorfahren Macht Angeordnete erkennen, aufrechterhalten, verteidigen; die Wissenschaft der Klugheit (Staatsklugheit, Politik, Staatswirtschaft) hingegen, wie durch weises Vertragen und Kontrahieren mit den Umständen das uns und den kommenden Geschlechtern Zuträgliche zu erwirken sei. Die Klugheit hat es mit Schließung der *Verträge* zu tun, denn das gesamte bürgerliche Leben des Menschen ist ein Vertragen und Kontrahieren mit gegebenen Menschen, Dingen und Verhältnissen; das Recht aber mit der Erhaltung des Gegebenen und der bereits vorhandenen Gesetze. Beide sind ewig getrennt, aber reichen sich in alle Ewigkeit die Hand.

Die menschliche Klugheit, der wohlberechnete und gemäßigte Gebrauch der menschlichen Kraft bildet im Laufe der Zeiten unter dem Walten der unabänderlichen, natürlichen Ordnung aller Dinge – die Gesetze, und das Recht übernimmt, behauptet und übt aus die dergestalt auf ganz historischem und positivem Wege entstandene Satzung. (...)

24.

Das ontologisch-historisch „positive" Recht als „Naturrecht" und Legitimationsbasis gegen die Gesetzgebungspraxis des Absolutismus

Die Elemente der Staatskunst. Bd. 1, Berlin 1809. Dritte Vorlesung: Daß der Nutzen und das Recht, die als Begriffe einander widersprechen, sich versöhnen, sobald sie ideenweise erkannt werden, S. 70–75.

In der ständischen Ordnung mit organisch-ständischer Solidarität und Subsidiarität sieht Müller nichts anderes als ontologisch-historisch positiviertes Naturrecht. Es wird nach seinem Urteil durch das antiständische, „seiner äußeren Natur" nach als „rechtszerstörend", seiner „inneren Natur nach" als „durch und durch unrechtlich" (I, 7) zu bezeichnende Rechtswesen des Absolutismus – der sich in dieser Hinsicht auf eine Stufe mit der Französischen Revolution gestellt sieht – auf schwerwiegende Weise verletzt.

Dem hält Müller entgegen: „Die menschliche Klugheit" bildet zeit- und menschengerecht „im Laufe der Zeiten unter dem Walten der unabänderlichen, natürlichen Ordnung aller Dinge", zu der eine organisch-ständische Ordnung gehört, „die Gesetze" (III, 23).

Auch im Sinne dieser zu beachtenden Abzweckung formuliert Müller, „wir dürfen künftig ... das Bestreben, die wahre Natur im positiven Recht zu behaupten, *Naturrecht* nennen" und somit „getrost alles Naturrecht" – wie es die apriorische, abstrakt deduzierte, nicht ontologische „Natur- oder Vernunftmoral" (IV, 30) der Aufklärung und des aufgeklärten Absolutismus vertritt – „außer oder über oder vor dem positiven", d.h. in Schöpfungsordnung und geschichtlichem Werden zugleich positivierten, „Rechte leugnen: wir dürfen alles" in diesem ontologisch-historischen Sinne „*positive* Recht für *natürliches* anerkennen, da ja alle die unendlichen Lokalitäten, welche das positive Recht herbeiführen, aus der Natur herfließen" (III, 24).

Es ist hinreichend erörtert worden, daß die Idee des Rechtes gerade so alt ist wie die Menschheit oder vielmehr, daß sie das einzige, erste, echte Kennzeichen der Menschheit ausmacht. Das Recht aber ist, der allgmeinen Meinung nach, das Wesentliche am Staate. Also ist der Staat, wenn man von allem Unwesentlichen, Konventionellen und Lokalen seiner Form absehen will, auch nicht um einen Tag jünger als das menschliche Geschlecht. Sobald die Natur den Gedanken der Menschheit in zwei verschiedenen Formen oder Geschlechtern ausgeprägt hatte – und damit mußte sie doch anfangen, um die Menschheit fortpflanzen zu können: sobald gab es auch ein Verhältnis zwischen diesen beiden Menschen oder zwischen diesen beiden Geschlechtern; es gab Bedingungen des Nebeneinanderbestehens; es gab ein gesellschaftliches Gesetz und dieses Gesetz mußte ein lebendiges, bewegliches sein, weil das Verhältnis zweier Menschen untereinander lebendig und beweglich ist; kurz die *Idee* des Rechtes war im Gange.

Diese, das Verhältnis zweier oder mehrerer Menschen ewig regulierende *Idee* gehört unzertrennlich zu der Natur des Menschen; also ist es für die Sache selbst ganz gleichgültig, ob sie bloß empfunden oder auch wirklich ausgesprochen oder ob sie niedergeschrieben wird auf zwei mosaische und zwölf römische Tafeln oder ob sie wirklich lebendig und persönlich repräsentiert wird durch einen Patriarchen, Monarchen, Rex oder Imperator. (...)

Noch heutigen Tages spricht man in den uneingeschränkten Monarchien von einer Unterworfenheit des Souveräns unter das Gesetz; man setzt einen Streit zwischen dem Gesetz und dem Repräsentanten des Gesetzes voraus. Das Gesetz, wie es da im Buchstaben ausgedrückt ist, kann wegen seiner Starrheit und Leblosigkeit nicht regieren; deshalb ist ein lebendiger Ausüber des Gesetzes, ein wirklicher, persönlicher *Souverän* nötig. Dieser nun soll, wegen seiner Veränderlichkeit und seiner menschlichen Gebrechlichkeit, nicht anders regieren als mit beständiger Rücksicht auf das Gesetz. Also weder der Souverän *soll*, noch das Gesetz *kann* allein regieren; demnach regiert wirklich ein Drittes, Höheres, welches aus dem Konflikt des Gesetzes mit dem Souverän in jedem Augenblicke hervorgeht und von dem Souverän das Leben, von dem Gesetze aber die Eigenschaft der Dauer erhält; und dieses ist *die Idee des Rechtes.*

Deshalb irrt man, wenn man voraussetzt, zu irgendeiner Zeit, die man nicht einmal historisch anzugeben imstande ist, sei das Recht wirklich und leibhaftig, in eigener Person, an den Tag gekommen; es sei eine absolute bindende und zwingende Gestalt erschienen, die vorher nicht da gewesen sei. Von *der* Zeit an, heißt es, mache der Staat eine Zwangsanstalt aus, und diese zwingende Gewalt sei das eigentliche Kennzeichen desselben. Aber der Buchstabe des Gesetzes allein *kann* und der Souverän allein *soll* nicht zwingen. Die Idee des Rechts allein darf zwingen; und in diesem Sinne war schon die erste Familie auf der Erde eine Zwangsanstalt.

Daß man späterhin den Oberherrn mit physischer Gewalt zum Zwingen ausgerüstet hat; daß nachher spätere Jahrhunderte dem auf diese Weise künstlich bewaffneten Machthaber den philanthropischen Gedanken untergelegt haben, er sei das Recht selbst, und wo der Zwang gefunden werde, müsse auch das Recht sein: das ist schön und gut; dessen ungeachtet aber haben die aufgeklärtesten und menschenfreundlichsten, auch unumschränktesten Souveräne in unseren Tagen öfters erklärt, daß sie sich dem Gesetz unterworfen fühlen, daß also eine unsichtbare höhere Gewalt allen ihren Zwang wieder bezwinge und daß die präsumierte Vollkommenheit und rechtliche Abgeschlossenheit des Staates, welche die *Theorie* behauptet, nicht stattfinde. Diese ist in einem sonderbaren Widerspruche mit sich selbst: Auf der einen Seite setzt sie eine wirkliche und absolute Zwangsanstalt voraus, als längst und vollkommen rechtlich existierend; auf der anderen leugnet sie, daß schon ein wirkliches Wesen gefunden sei, dem, wegen seiner Vollkommenheit, diese Zwangsanstalt übertragen werden könne. Das erste tut sie in ihrem *positiven* Rechte, das andere in ihrem *Naturrecht*; und wenn man strenge untersuchen will, so wird man finden, daß sie in der einen von diesen Disziplinen eben das wieder aufhebt, was sie in der anderen behauptet.

Wir dürfen also getrost alles Naturrecht außer oder über oder vor dem positiven Rechte leugnen; wir dürfen alles *positive* Recht für *natürliches* anerkennen, da ja alle die unendlichen Lokalitäten, welche das positive Recht herbeiführen, aus der Natur herfließen; wir dürfen künftig, da nun einmal alles positive Recht zugleich natürliches Recht ist, das Bestreben, die wahre Natur im positiven Recht zu behaupten, *Naturrecht* nennen. (...)

25.

Stand und organisch-ständische Freiheit

Von der Notwendigkeit einer theologischen Grundlage der gesamten Staatswissenschaften und der Staatswirtschaft insbesondere (1819). I: Erkärung des Wortes: Staat. In: Adam von Müller's gesammelte Schriften. Bd. 1, München 1839, S. 3–5.

Staat (stauts, état) bedeutet Lage, Zustand oder Stand und wird insbesondere nur von demjenigen Wirkungskreise, Beiwesen oder Körper gebraucht, ohne welche der vollständige Mensch nicht zu denken ist. Das ganze Dasein des Menschen ist dadurch bedingt, daß er einen solchen Stand habe und in einem solchen Stande sei. Man unterscheide zweierlei Stand des Menschen, einen *sächlichen* und *persönlichen.* Der persönliche Stand des Menschen ist der Inbegriff seines Verhältnisses zu den Mitmenschen; in dieser Rücksicht ist der Mensch in einem Stande, durch einen Stand gebunden; er ist Glied eines Standes oder Staates. Der sächliche Stand des Menschen ist der Inbegriff seines Verhältnisses zu den Dingen, d.h. der Inbegriff seines Eigentums oder seiner Eigentümlichkeit; in dieser sächlichen Rücksicht *hat* der Mensch einen Stand, ist durch diesen seinen Stand frei und *Haupt* eines Standes oder Staates.

Auf der Erkenntnis dieses Urbegriffes des Staates beruht alle gründliche Forschung im Gebiete der Politik. Die Bedeutung, in welcher die dermalen herrschenden Theorien das Wort Staat gebrauchen, ist eine uneigentliche und figürliche; überdies mangelt alle wissenschaftliche Berechtigung, ein auf alle einzelnen politischen Verbindungen der Menschen untereinander und mit den Dingen bezügliches Wort ausschließend auf die Gesamtheit dieser Verbindungen zu beziehen und dergestalt zu fixieren.

Jeder einzelne Mensch, wie klein oder wie groß er sei, ist Haupt eines Standes oder Staates, als Fürst, als Obrigkeit, als Gutsherr, als Hausvater, als Eigentümer, als Disponent in einem, wenn auch noch so kleinen, Wirkungskreise; er hat einen Stand oder er ist ein Stand, ein Staat; quisque habet suum, ein Gebiet der Eigenheit oder der wahren, realen Freiheit; jeder einzelne ist juristisches Subjekt.

Ebenso gewiß ist aber auch jeder einzelne Mensch in einem Stande oder Staat Glied eines Standes oder Staates; er ist hörig, gehört einem Staate an und ist demselben adskribiert. Niemand ist absolut frei, niemand souverän. Jeder ist juristisches Objekt; er ist verpflichtet, inwiefern er berechtigt ist.

In summa: *Der Mensch ist Staat im Staate, status in statu.* Niemand kann im Staate oder einem Staate unterworfen und verpflichtet sein, ohne zugleich selbst wieder Staat, d.h. einem Staate vorgesetzt und dergestalt berechtigt zu sein. Mit anderen Worten: Jeder ist in seinem angewiesenen und natürlichen, hohen oder niedrigen Stande Untertan, inwiefern er Obrigkeit, zum Gehorsam verpflichtet, inwiefern er frei ist – und umgekehrt.

Diejenigen, welche nur den fixierten Begriff des Staates und keinen Staat im Staate, d.h. keinen Staat als System von Staaten gelten lassen wollen, mögen sich wohl hüten, von Freiheit überhaupt zu reden; denn ihre ganze Behauptung zielt dahin, ein Wesen zu konstruieren, welches nur berechtigt, nicht aber auch verpflichtet wäre, welches also, inwiefern es realisiert werden könnte, aller standhaften Freiheit der einzelnen ein Ende machen müßte. Der Staat, wie ihn diese Theorien träumen, ist ein gänzlich unbedingtes souveränes Wesen, der abgezogene Begriff derjenigen Hoffart und jenes unbeschränkten Egoismus, welche ihn zu erfinden antreiben; deshalb das allgemeine Einverständnis darüber, daß dieser Staat keinen Staat in sich dulde, daß alles in seinem Umkreise in eine und dieselbe Masse zusammenfließe.

26.

Gegen absolutistische „Autokratie" und für eine „ständische Repräsentation" mit den zwei „ständischen Parteien" von Grundadel und Bürgertum

Über König Friedrich II und die Natur, Würde und Bestimmung der Preußischen Monarchie. Öffentliche Vorlesungen, gehalten zu Berlin im Winter 1810. Berlin 1810. Sechste Vorlesung: Präliminarien der künftigen Preußischen Ständeverfassung, S. 160–167, 169–172, 178f.

(. . .) Welcher Unterschied im Staate der gründlichste und wesentlichste sei, hatte ich zu zeigen; also, welcher zu legalisieren sei, hatte ich zu zeigen; und daß diese Legalisierung der Urunterschiede oder die Errichtung oder Konsolidierung des Ständeverhältnisses Grundbedingung aller Nationalität und Staatsorganisation sei, habe ich noch überdies, erhaben über allen Angriff, bewiesen. Gönnen Sie mir das Verdienst, das Englische etwas freier ins Deutsche und Preußische übersetzt zu haben als die Nachbeter des Adam Smith; denn freilich, wäre das Palladium europäischer Freiheit und gesellschaftlicher Gleichheit nicht auf jene Insel hingerettet worden: Welches Auge wäre durchdringend genug, es in dem chaotischen Zustande des Kontinents unter gefühllosen, verwilderten, über ihre eigene Bestimmung entzweiten Völkern wiederzufinden! –

Der Urunterschied des Staates – so schloß ich neulich – muß nicht bloß *legalisiert* werden, so daß er jedem einzelnen Individuum im Staate allgegenwärtig erscheine, als Fundament des Staates erscheine, sondern er muß auch sprechen. – Ich beschrieb Ihnen neulich, wie er in England zu einem großen, allen Bürgern vernehmlichen Gespräch über das Gemeininteresse gebracht wird. Damit er sprechen könne, muß es ständische Verfassungen im *Geist*, aber schlechterdings nicht nach dem *Leisten* der englischen geben. *Alle* Individuen, welche den einzelnen Stand ausmachen, können wegen der Schranken des Ortes und der Zeit und der menschlichen Natur nicht sprechen; also muß es zu einer ständischen *Repräsentation* kommen. Diesen viel besprochenen und viel beratenen Gegenstand müssen wir näher betrachten.

In unserer Zeit kennt man nur eine Gattung von Repräsentationen, nämlich die *durch Wahlen*, durch Ballotage: Die Abgötterei, welche die dermaligen gebildeten Leute mit griechischem und römischem Altertum treiben, begünstigt die Meinung, als wenn auch uns, gleich jenen heidnischen Völkern, nur diese eine Art der Repräsentation zustehe. Indes können wir uns nicht verleugnen, daß durch solche Wahlen, wie die Laune des Augenblicks bei der Ernennung des Repräsentanten entscheidet, so auch nur die Laune des Augenblicks wirklich repräsentiert wird. Außer der Repräsentation durch Wahl gibt es aber, besonders in der englischen Verfassung, noch eine Repräsentation: *durch Geburt* oder durch *Wahl der Natur*, wie jene durch *Wahl der Menschen*. Der Zufall allein scheint bei den Repräsentationen durch Geburt zu entscheiden; ich bitte Sie aber, zu bedenken, daß bei der Repräsentation durch menschliche Wahl ein noch viel komplizierterer Zufall den Vorsitz hat. Der menschliche Zufall schafft uns Repräsentanten des Augenblicks; der natürliche Zufall schafft uns Repräsentanten der Dauer: im Durchschnitt werden die durch Geburt Berufenen – da sie ihr Repräsentationsrecht durch Geburt weiter an ihre Erben zu übertragen haben und da sie einer heiligen Gewohnheit, einer erhabenen Trägheit, die den ganzen Staat beruhigt und besänftigt, ihre Bedeutung verdanken – auch dem Bleibenden und Festen das Wort reden. –

Wenn also eine *doppelte Repräsentation* dieser Art (denn die einseitige durch bloße Wahl oder durch bloße Geburt kann den Staat im ersteren Falle nur zu völliger Zersplitterung bringen, im anderen Falle ihm eine Zähigkeit und Steifheit mitteilen, die ebenfalls zu Revolutionen oder zur Zersplitterung führen muß) – wenn eine doppelte Repräsentation in der preußischen Monarchie eingeführt würde, so wäre doch eine wirkliche und lebendige Opposition der beiden Stände gegeneinander vorhanden und ein tüchtiges und klares Selbstgefühl jedes einzelnen der beiden Stände zu erwarten, während jetzt das Unglück hauptsächlich darin liegt, daß jedes Individuum auf seine eigene Hand streitet, aus seiner beschränkten, dumpf verwickelten Lage Regeln und Vorschriften für das Betragen des Staates herleiten will und zu einer klaren Erkenntnis dessen, was ihm und was dem Ganzen not ist, durchaus nicht gelangen kann.

Welche monströse, bis in das geringfügigste Detail völlig korrumpierten Vorstellungen laufen über die Natur und das Interesse des preußischen Adels umher! Jedes einzelne Glied dieses Standes sogar hat, nach Maßgabe seines beschränkten Interesses, eine besondere Ansicht dessen, was es mit diesem Stande auf sich habe und was daraus werden solle. Niemand gibt sich die Mühe, jene über unzählige Individuen verbreitete Not nur zu schichten, zu sortieren, nach Gattungen, Klassen und Ständen, damit Regierung und Volk zu einem deutlichen, leicht zu erkennenden und zu empfindenden Bewußtsein ihres öffentlichen und gemeinschaftlichen Zustandes gelangen könnten. Nicht einmal in der Not ist Gemeinschaftlichkeit: in den Tönen des Schmerzes nirgends ein Akkord.

Wenn wir die Sache auch bloß aus dem Standpunkt der Administration betrachten wollten, so ist leicht einzusehen, daß wegen der gegenwärtigen, unendlichen Verschiedenartigkeit der Bittenden, Fordernden, Bedürfenden, für welche die Regierung bis jetzt zu sorgen hat, an eine wahre Einheit der Geschäfte nicht zu denken ist. In das Detail, in die ganz besondere Physiognomie des einzelnen Bedürftigen einzugehen, ist eigentlich die Sache des Regenten nicht: Vielmehr ziehmt es ihm, die Bestandteile des Staates nur im großen und ganzen zu betrachten und die Individuen klassenweise, gattungsweise zu bearbeiten. Möge nun die Administration noch so vortrefflich organisiert sein – wenn das *zu regierende Volk* für die Zwecke der Herrschaft nicht gleichfalls *organisiert* ist, so geht alle administrative Einheit notwendig wieder in der Verschiedenartigkeit der vorkommenden Fälle unter: der Staatsmann kann – wie er sich auch wenden möge – der Sorge für den einzelnen nicht entgehen; er wird zum Vormund der Individuen, ohne daß er die Macht hätte, das individuelle Glück zu garantieren: die Freiheit des einzelnen oder die Autorität des Staatsmannes steht unaufhörlich auf dem Spiel; er schöpft in das Faß der Danaiden, und die Individuen erwarten, gleichfalls ewig unbefriedigt, eine vollständige Genugtuung von ihm, die er nicht gewähren kann, noch soll; sein Wille und seine Kraft werden auf Details verschwendet, während die Totalität versäumt wird. (...)

Kurz, *alle Organisation der Regierung ohne Organisation, d.h. ohne wahre Repräsentation des Volkes, führt zu nichts:* Zumal in Zeiten, wo alle Neigungen des Lebens von einem frommen Gehorsam und von edler Hingebung an die Regierung abraten, und über das individuelle Interesse und über die individuelle Eitelkeit keine Oberherrschaft, überhaupt nichts Höheres anerkannt wird.

Wir sind jetzt, und ich glaube ziemlich unvermerkt, auf der Höhe angekommen, wo wir die Vergänglichkeit aller Autokratie des Genies und also auch unseres Friedrich anerkennen müssen. Zugegeben, daß der Fürst sein Jahrhundert übersehe; zugegeben, daß er ihm vorausschreite, wie Friedrich; zugegeben, daß sich alles einzelne Talent und jeder besondere Anspruch vor ihm beuge: so können ständische Verfassungen zwar entbehrt werden; die Stimme des Volkes kann zwar eine Weile schweigen vor dem gewaltigen Redner und Befehlshaber, welcher spricht; seine Gedanken können eine Weile da walten, wo eigentlich das Gemüt des Staates walten sollte; seine endlichen Zwecke können eine Zeitlang mit dem ewigen seiner Nation verwechselt werden – aber nicht ungestraft: gewaltig fordert der eine Weile gezähmte und gebändigte Löwe seine Freiheit zurück, wie das Gefühl der Kraft zurückkehrt. (...)

Wenn ich aus voller Seele einer freien ständischen Verfassung für unser Vaterland das Wort rede: Meine ich damit, daß die Wahlen sofort vor sich gehen, und überhaupt nur eine – Gott weiß, welche – Volksstimme sich beliebig vernehmen lassen oder in Volksversammlungen zusammengewürfelt werden soll? – Gewiß nicht. Die Basis aller Ständeverfassungen, insbesondere der britischen, ist der Feudalismus, ein wahrer, gründlicher, nicht korrumpierter, nicht mit vornehmtuender Flachheit versetzter, nicht in sächliche Versteinerung, nicht in die Privilegien-Fäulnis übergegangener Feudalismus: ein kriegerischer, landwirtschaftlicher Feudalismus. Erfinden läßt er sich nicht; unsere Vorzeit müssen wir zu Hilfe nehmen, um ihn wiederzugewinnen, unseren eigenen Adel reinigen, retten. (...)

Also ist die Konservation, Reinigung und Wiederbelebung des alten Adels die Bedingung zum Errichten einer ständischen Verfassung in der preußischen Monarchie und die Errichtung einer wahren ständischen Verfassung wieder die Bedingung eines wahren preußischen Nationalgeistes. Sie müssen es natürlich finden, daß ich diesem größten, dringendsten Gegenstande verhältnismäßig auch den größten Platz in diesen Betrachtungen eingeräumt habe.

Die Repräsentation des Bürgerstandes, die Repräsentation durch menschliche Wahlen, ist leicht zustandezubringen, wenn vorläufig auch nur die Launen und Grillen des Augenblicks repräsentiert werden, und vielleicht Jahre dazu gehören, bis ein ruhiger vaterländischer, auf das Gemeinwesen gerichteter Sinn die Oberhand gewinnt, und bis die Wahlrepräsentanten einsehen, daß sie nicht bloß für die Verfechtung eines einzelnen Parteiinteresses, sondern für die Belebung und Erhöhung des nationalen Gesamtinteresses zusammenkommen. Vorläufig wären wir indes sehr glücklich, wenn wir nur erst gründliche ständische Parteien hätten; wenn nur an irgendeiner Stelle das Interesse sich zu wirklicher Körperschaft gruppierte und konzentrierte. (...)

Wer es gründlich und vorurteilsfrei meint – und ihrer sind viele im Lande, weniger in der Hauptstadt, den habe ich in diesen Vorlesungen angeredet. Die übrigen *räsonierenden* Parteien, Anglomanen, die Philosophen vom reinen Ertrage, die Wucherer und vor allem die, welche auf den direkten und handgreiflichen Resultaten der Französischen Revolution unser vaterländisches Glück bauen und dem ersten freien Gedanken, aus welchem unsere neue noch unvollendete Organisation entsprang, einen ausländischen Text unterlegen wollen – schätze ich – es ist mir nicht anders möglich – gering; und daß es keine *handelnden,* wahren Parteien in unserem Vaterlande gibt, habe ich schon oben beklagt.

Das Grundgebaren in Friedrichs Verfassung ist dargestellt: Eben weil der große Mann tief in das Herz seines Volkes gegriffen, weil er die Lebenskraft desselben mächtig angespannt, weil wir einen recht vollständigen Virtuosen in der mechanischen Staatskunst zum Könige gehabt und die Leiden großenteils überstanden haben, welche das Mechanisieren der Geister immer nach sich zieht, sind wir reifer als viele andere Nationen für wahre Organisation. So, glaube ich, eine Idee unseres Vaterlandes und seiner Dauer erweckt zu haben, die größer ist als Friedrich. (...)

27.

Notwendiger „Anteil der Nation" am „Nationalen und Öffentlichen" durch „Pressefreiheit und öffentliche Meinung"

Über König Friedrich II und die Natur, Würde und Bestimmung der Preußischen Monarchie. Öffentliche Vorlesungen, gehalten zu Berlin im Winter 1810. Berlin 1810. Neunte Vorlesung: Von der Staatsverwaltung und ihren Beziehungen auf die Nationalität, S. 238–244, 247.

Es gibt keine andere Garantie für die Nationalfreiheit als die, welche ich Ihnen in den bisherigen Vorlesungen nach ihrer Natur und Wirksamkeit beschrieben habe. Wenn jene unsichtbaren, wenigstens unscheinbaren Mächte, welche dem Grundeigentum, der Weiblichkeit und den Ideen einwohnen, aus deren Schoß alles Leben und alle Zukunft des Staates hervorgeht, durch Ständeverfassung, Nationalsitte und Nationalerziehung, endlich durch vaterländische Wissenschaft und wahre öffentliche Meinung, wie es sich gebührt, eingreifen in die Regierung des Staates: Dann ist Freiheit vorhanden; das Verlangen des einzelnen Bürgers, an der Gesetzgebung teilzunehmen, die Gesetze selbst zu geben, denen er sich unterwerfen soll, ist befriedigt. Sie erinnern sich, daß ich hier keiner unter diesen Mächten einen direkten Anteil an der Ausarbeitung des Gesetzes zugestanden habe: Über diese unwürdige, mechanische Konstruktion des Nationalwillens, vermittelst mehrerer sich gegenseitig beschwerenden und hindernden Körperschaften, sind wir hinweg; wir wissen, daß wir durch solcherlei Repräsentation und Teilung der Gewalt nur die Laune des Augenblicks, ja selbst diese nur zersplittert und anarchisch, darstellen können. –

Einen Staat organisieren heißt, die Administration eines Staates in die

Notwendigkeit versetzen, daß sie nur Gemeinschaftliches tun und beschließen könne. Die Gegenwart und das sichtbare handgreifliche Interesse wahrnehmen, dazu wird die Administration schon an sich selbst durch ihre Lage genötigt; aber weil die Administration doch in den Händen vergänglicher Menschen ist, so könnte sie leicht der Vergangenheit und der Zukunft vergessen: sie könnte, für das Interesse des Augenblicks, das heiligere und sichtbarere Interesse des ewigen Staates versäumen; so muß ihr dieses also durch die Verfassung allgegenwärtig erhalten werden. Sie muß bestimmt und zu allen Zeiten vor sich haben, sehen, hören, fühlen und mit allen Sinnen wahrnehmen den Staat, den ewigen Staat und alle seine Glieder, nicht bloß die unorganischen Haufen der gegenwärtigen, armseligen, bedürfenden. Deshalb habe ich alles gesellschaftliche und Privatleben, alles ökonomische Interesse und alle Wissenschaft selbst von wegen des Staates zurückgefordert *für* den Staat: Darin sein und draußen zugleich, in demselben Verstande, kann der Mensch nicht; wenn er etwas taugt, so ist er ganz darin. Was jemand empfindet, der ganz darin ist, habe ich den letzten Stunden beschrieben.

Nun wendet sich sehr natürlich unsere Betrachtung auf die *Administration,* nachdem wir das Element beschrieben haben, in welchem sie leben soll. Ich leugne nicht, daß ein Regent, ein Minister oder Administrator die Fähigkeit haben könnte, sich dieses Element durch die Kraft seines Genies selbst zu erzeugen, mit anderen Worten, die Totalität der Nation, ihre Gegenwart und ihre Zukunft, ihr sichtbares und unsichtbares Interesse fest im Auge zu haben während des Regiments – ohne daß ein Parlament, die Preßfreiheit und die öffentliche Meinung ihn unaufhörlich daran erinnerte. – *Zuvörderst* aber sind dieses die Genies, deren jedes Jahrhundert kaum eins hervorbringt. *Ferner:* Wie sollen Staatsmänner erzogen und gebildet werden und wie soll das an und für sich schon seltene Genie sich hindurchbrechen zu der Stelle, auf der es wirken kann, wenn ihm nicht durch Ständeverfassung, Preßfreiheit und öffentliche Meinung der Weg gebahnt und die nötige Vorbereitung und Instruktion leicht gemacht wird? *Ferner:* Wie soll denn dieses Genie und seine Wirksamkeit von der Nation verstanden werden, wenn es keinem Auge gestattet wird, hinaufzusehen zu den Angelegenheiten des Ganzen, wenn der Blick der Individuen erdwärts gewendet bleibt, wie der Blick der Tiere auf das Futter und auf das kümmerliche Privatinteresse des Tages! Wie wird die blinde Nation willfährig gemacht, einzugehen in die Ideen des regulierenden Genies und mit der Macht des Herzens alle seine Wirksamkeit tausendfältig zu beschleunigen! *Endlich* aber: Warum denn Genie und immer nur Genie? (...)

Sie sehen, dabei kann es sein Bewenden nicht mehr haben: Wir wollen wissen und alle fortwährend empfinden, wie es mit unserem nationalen Leben zugeht; wir dulden nicht, daß das Geheimnis unserer Nationalexistenz weiter das Arkanum einzelner, privilegierter und doch unzuverlässiger Geister sei. Wofür hätte diese gewaltige Zeit uns alle bis auf den Geringsten fortgerissen zu dem Anteil an dem Öffentlichen? Einzwängen, einschläfern läßt sich dieser Anteil nicht wieder; er muß auf öffentliche Zwecke gelenkt, er muß von den Regierenden eingeführt werden in das Nationalleben, wenn sie nicht von ihm zermalmt, und, mit aller ihrer guten und wohlwollenden Absicht, gering geachtet werden sollen. (...)

Hat sich nun der Anteil der Nation an dem Nationalen und Öffentlichen schon wirklich organisiert (wozu jetzt, heute, in dieser äußeren Konstellation der Macht in Europa, der wahre Zeitpunkt ist, und wogegen sich weder irgendeine äußere Macht noch der Geist der Zeit und die Meinung der einzelnen Staatsbürger setzen wird); gibt es wahre Parteien im Staate; gibt es eine große Zweiheit, eine lebendige Zweiheit, also die Möglichkeit eines ewigen Grundgesprächs, also eine wahre Ständeverfassung im Staate: so ist eine permanente Einheit des Willens, eine feste Administration möglich; so bedarf es nicht weiter der Frage, ob das Wetter auch zu Meteoren, zu Genies inkliniere: die so fundierte Administration ist für jedes Wetter der Umstände geeignet. (...)

Die Franzosen haben in der Revolution eine neue Konstitution nach der anderen erfunden und verstummen müssen vor der unbezwinglichen Gewalt eines Schicksals, welches mit diesen Konstitutionen gespielt hat; verstummen müssen vor der Frage, wie denn überhaupt im großen und im kleinen irgendeinem physischen oder politischen Körper eine Konstitution *gegeben* werden könne. Die Konstitution, konnte man ihnen sagen, ist ja das Vorhandene; wiederhergestellt kann sie werden, aber gegeben oder erfunden nicht. Wir haben in unseren Unterhaltungen über die preußische Nationalkonstitution appelliert an das innerlich Vorhandene: Unter allen Entstellungen dieser vorwitzigen Zeit, unter allen Verzerrungen und Verrenkungen sogenannter Politik und sogenannter Philosophie haben wir für unseren Staat, und vielleicht für mehrere, das Gesetz des Lebens wiedergefunden. (...)

IV. ORGANISCHE STAATSWISSENSCHAFT ALS CHRISTLICHE SOZIALETHIK

Adam Müllers organische Gesellschaftslehre bedeutet für den deutschen Raum die erste Grundlegung einer in das Moderne gewendeten christlichen Sozialethik.

Damit bricht sich eine gesellschaftsethische Erneuerungsbewegung ihre Bahn, die nicht aus dem kirchlich-theologischen, vielmehr aus dem Laienraum stammt und zugleich die Ebene einer konfessionellen Apologetik und *Defensive* des 18. Jahrhunderts durch das neue Konzept einer gemeinchristlich intendierten *Offensive* auf der Basis der organischen Gesellschaftslehre als Inbegriff einer „christlichen Staatswissenschaft" der Zukunft zu transzendieren versucht.

Wie nahe Müller hierbei tatsächlichen epochalen Bewegungslinien steht, zeigt sein späteres Pendant Friedrich Julius Stahl (1802–1861) auf protestantischer Seite. Stahl verfolgt seit den dreißiger Jahren des 19. Jahrhunderts, also unmittelbar nach Müller, und ebenfalls als Nichttheologe mit breitem Erfolg, mit dem er auch Ketteler auf bemerkenswerte Weise in seinen Bann zieht, weiterhin die Idee einer „christlichen Staatswissenschaft" als konservativ-christliche Sozialethik auf organologischer Grundlage. Von Stahl wird diese Basis einerseits durch ein theologisierendes Naturrechtsdenken, andererseits durch Elemente der historischen Rechtsschule protestantisch-lutherisch transformiert.

Müllers und Stahls Ideen repräsentieren, neben Karl Ludwig von Hallers im übrigen nicht organologischem Werk „Restauration der Staatswissenschaften" (1816/34), Substanz und Bandbreite des die Jahrzehnte vor 1850 kennzeichnenden Phänomens einer „christlichen Staatswissenschaft" als offensive antiaufklärerische und antirevolutionäre Konzeption eines gezielt konfessionsübergreifenden christlichen Konservatismus mit praktisch-politischer Orientierung.

Um die Bedeutung der Leistung Adam Müllers als des Begründers einer ersten in das Moderne gewendeten christlichen Sozialethik im deutschen Raum geschichtlich und systematisch zureichend würdigen zu können, ist zunächst folgendes zu beachten: Insgesamt dominiert auf der katholisch-theologischen Seite im Deutschland des 18. Jahrhunderts gegenüber der Aufklärung, gegenüber ihrem apriorischen Vernunftrecht und ihrer Säkularisierung von Naturrecht, Ethik und Rechtsethik ein, wie bereits angedeutet, apologetischer Zug, der über die Enge traditionaler Positionswahrung und einer bloßen Defensivstellung nicht hinausgelangt.

Und ferner: Die von der spanischen Spätscholastik, besonders von Franz Suárez (1548–1617) mit dem Stichwort eines sittlichen „corpus politicum", bereits als eigenes Gebiet fortentwickelte scholastische Rechts- und Staatsethik verbleibt auf der traditionalen, abstrakten Ebene einer systematischen Naturrechts- und Prinzipienethik unter Konzentrierung auf Grundsatzfragen der allgemeinen Staatszwecke, der Staatsgewalt und der Gemeinwohllehre.

In Gestalt dieser „Barockscholastik" ist sie auch im Deutschland des 18. Jahrhunderts präsent, ohne jedoch in eine Konkretisierung, Applikation und Institutionenethik im Sinne einer zeitnahen kritisch-ethischen Auseinandersetzung mit den gesellschaftlichen Ordnungssystemen des Zeitalters der Aufklärung, d.h. mit Liberalismus und Absolutismus transformiert zu werden.

Im Bestreben, auch über eine Jahrhunderte währende nachmittelalterliche Tradition der Konzentrierung auf eine christliche Standestugendethik mit nur rudimentären gesellschaftsethischen Ansätzen hinaus gegen einen individualistischen Liberalismus und gegen einen etatistischen Absolutismus die Ebene einer zeitnahen und konkreten gesellschaftlichen Struktur- und Institutionenethik zu betreten, steht Müller neben den „prima principia" der aristotelisch-thomistischen Tradition also noch keine allgemeine und zugleich in das Moderne gewendete gesellschafsethische Erneuerungsbewegung zur Seite.

Die damalige Theologie konzentriert sich, wie auch im 18. Jahrhundert, auf die durch die apriorische Ethik der Aufklärung und Kants aufgeworfenen Vernunftprobleme und setzt die Tradition der Standestugendethik fort. Auf diese Situation und auf die nachmittelalterliche Tradition reagiert Müller mit einer Kritik und sozialethischen Vehemenz (vgl. u.a. die Erläuterungen zu IV, 28), die in der katholisch-sozialen Ideengeschichte Deutschlands ihresgleichen suchen.

Weiterhin bleibt hervorzuheben: Im Festhalten am doppelten ordo cognitionis, an den beiden Erkenntniswegen über die „göttlichen Offenbarungen in Natur" (als Schöpfung Gottes) und „Schrift" (IV, 31) thematisiert und akzentuiert Müller aus den historischen Erfahrungen mit der Aufklärung, mit der Französischen Revolution, mit Kant und Hegel sehr viel stärker als die spätere Neuscholastik und in Übereinstimmung mit der damaligen, ebenfalls von den Auseinandersetzungen mit Aufklärung und Kantianismus geprägten theologischen Literatur die Gefährdung der Funktion der Vernunft durch den anfechtbaren sittlichen Willen sowie die Begrenztheit des natürlichen sittlichen Erkenntnisvorgangs ohne seine Vollendung durch Offenbarung und Glauben im Sinne der organischen Ganzheit von Natur und Übernatur.

Zu beachten ist, daß man in Müllers Zeit noch die Auswirkungen der protestantischen Aufklärungstheologie des 18. Jahrhunderts, ihre damalige Dominanz und darüber hinaus einen theologischen und ethischen Rationalismus vor Augen hat, wie er im 18. Jahrhundert auch in katholische Universitäten und Klöster Eingang gefunden hat und unter den, in ihrem theologischen Wissenschaftsverständnis einen organischen Entwicklungsgedanken akzentuierenden, Zeitgenossen Müllers etwa von Sailer sowie von Johann Sebastian von Drey, der am Beginn der Tübinger Schule steht, einer nachdrücklichen systematischen Kritik unterworfen worden ist.

Im deutschen Protestantismus beginnt der organische Aristotelismus auf der Ebene der Aufklärungstheologie seit dem 18. Jahrhundert durchgängig dadurch an Boden zu verlieren, daß diese Theologie sich einerseits dem mechanistischen, kartesianisch-Newtonschen Weltbild anschließt, andererseits die apriorische Vernunftethik lutherisch mit Elementen der platonisch-augustinischen Erkenntnislehre verbindet.

Eine analoge Verschränkung durchzieht auch die Philosophie des deutschen Idealismus in Gestalt vielfältiger Transformationen und Erscheinungsformen platonischer Elemente im Bereich der Erkenntnistheorie. Es ist das Anliegen Adam Müllers, diese säkularisierten platonischen Elemente wieder *augustinisch* zu verchristlichen und auszurichten, ferner an den organischen Aristotelismus und an den thomistischen Ordo-Gedanken zu binden. Müllers Werk zeigt daher in Übereinstimmung mit Schellings gemeinchristlichen Intentionen das Bestreben, gegen eine drohende Säkularisierung der Kultur die antik-christliche Tradition der Metaphysik als gemeinchristlich intendierte Ganzheit, d.h. in der Zuordnung eines platonisch-augustinischen und eines aristotelischen Erbes in den Fragen von Glaube und natürlicher Sittlichkeitserkenntnis u.a. gegen Kant und Hegel zu erneuern.

Im richtig verstandenen Werk Thomas von Aquins und seinem – auf dem Einheits- und Ganzheitsprinzip, auf der normierenden Urbildfunktion der augustinischen lex aeterna (ewiges Gesetz, Weltplan Gottes) basierenden – Ordo-Gedanken sieht Müller den bleibend vorbildhaften Vollzug dieser ganzheitlichen Zuordnung mit dem Ergebnis einer *augustinisch*-thomistischen Ethik, wie sie später unter den namhaften neuscholastischen Sozialethikern Joseph Mausbach erneut vertreten hat.

So schreibt Müller in den „Vorlesungen über die deutsche Wissenschaft und Literatur“: „Im Herzen des Plato schlägt vernehmlich jeder reinen Seele die *Erwartung* des Christentums; im heiligen Augustinus waltet das ruhige Bewußtsein der *Erfüllung*“ (Sechste Vorlesung). Und ferner: „Die Wiederherstellung des Platon und – ich wage als unausbleiblich anzukündigen, was jetzt noch wenig sichtbar ist – die Wiederherstellung des heiligen Augustinus sind die Haupterscheinungen in der Geschichte der deutschen Philosophie“ (Fünfte Vorlesung).

Und zur Verhältnisbestimmung von – durch Augustinus dominierter – Tradition der Kirchenväter und aristotelisch-thomistischer Scholastik heißt es bei Müller unter Hinweis auf eine bereits bei Thomas von Aquin vollzogene Verschränkung: „Die Väter, Lehrer und Mystiker haben die Schrift gelesen, wie sie gelesen werden soll, und im Geiste ihrer Harmonie erklärt; und die christliche Philosophie" der aristotelisch-thomistischen Scholastik „hat aus diesem köstlichen Material und mit sorgsamster Schonung desselben das Gebäude aufgeführt. Man muß den Bau kennen, so gut als das Material; die scholastische Philosophie, wie die Väter. Die Lektüre der letzteren ohne Kenntnis der Scholastik kann zu Irrtümern verleiten, so gut als die Lektüre der Schrift ohne die Tradition" (Adam Müller, Theologische Fragmente; in: Jakob Baxa [Hrsg.], Adam Müllers Lebenszeugnisse., Bd. II, 1966, Nr. 1608, S. 966).

Müller gebraucht die platonisch-augustinische Lichtmetapher der göttlichen Erleuchtung des menschlichen Erkennens durch das „Licht" (V, 42) oder „göttliche Licht" (II, 11) der einen göttlichen „Sonne" (IV, 40).

Wie Augustinus begreift er dieses Licht als natürliche wie auch übernatürliche Kraft, die dem menschlichen, bereits von Natur auf das höchste Gut, die höchste Wahrheit, d. h. auf Gott hingeordneten, jedoch von „Gebrechlichkeit" (IV, 35) gezeichneten Vernunftstreben erst die wirkliche, Glaube und Vernunft verbindende „Klarheit der echten Wissenschaft" (IV, 40) einer sittlichen und gerechten Gesellschaftsordnung vermittelt.

Folgerichtig werden im Rahmen des thomistischen Ordo-Gedankens die beiden Manifestationen der normierenden, die „Einheit des Gesetzes" (I, 1) im Sinne der „unitas ordinis" oder „unitas mundi" (S.th. I,47,3) begründenden Urbildfunktion der durch Thomas von Aquin rezipierten lex aeterna Augustins – wie sie einerseits in übernatürlicher Offenbarung, andererseits in der natürlichen Sittlichkeitserkenntnis der lex naturalis (Schöpfungsordnung) durch die natürlichen „göttlichen Offenbarungen" in der „Natur" (IV, 31) gegeben sind – zum Ganzen des natürlichen und übernatürlichen Lichts eben der göttlichen „Sonne" (IV, 40) verbunden.

Diese erscheint in Müllers organologischer Terminologie – zugleich platonisch-augustinische Elemente mit der aristotelischen Organismus- und Entelechielehre vereinend – als „Lebensprinzip" (V, 41), als „Lebensgeist" (IV, 29) eines sittlich und gerecht geordneten Gesellschaftskörpers.

In dieser *augustinisch*-thomistischen Ethik ist ein Erkenntnisweg vorgegeben, in dem das „göttliche Verhältnis des Menschen zu den Dingen" (IV, 40), nicht aber eine entgöttlichte Vernunft, nicht eine „entgöttlichte Natur" (IV, 28) der Aufklärung ausschlaggebend ist, entsprechend der Maxime, „wo dem Göttlichen ausgewichen wird, wie möchte man da das Natürliche finden" (IV, 40).

Auch vor dem Hintergrund derartiger Positionsbestimmungen einer organologischen und zugleich *augustinisch*-thomischen Ethik ist nach allem Müllers noch darzustellende, gemeinchristlich intendierte und zugleich organologische Maxime vom Christentum, von der „christlichen Religion" als „Lebensprinzip" (V, 41) der Gesellschaft wie der „vollendeten menschlichen Vernunft" (IV, 35) zu sehen, wie sie von ihm u. a. auf die ebenfalls noch zu erörternde Tradition der Ökonomielieteratur im Sinne der nachmittelalterlichen „Hausväterliteratur" gegründet wird.

Bereits mittelalterliche, religiös-gesellschaftliche Organismuskonzeptionen transformieren Elemente der platonisch-augustinischen Erleuchtung in das aristotelisch orientierte Paradigma von Gott als religiöser „Seele" des Gesellschaftskörpers und verbinden somit im Sinne eines Ganzen der Tradition platonisch-augustinische Elemente, den paulinischen Organismusvergleich (Kirche als mystischer Leib Christi) mit der aristotelischen Organismus- und Entelechielehre.

Im Bestreben, dem auf das Ganze gerichteten menschlichen Erkenntnisvermögen auch ethische Richtpunkte im Sinne biblischer Aussagen zu geben, kann man in Müllers Werk zugleich den Beginn moderner sozialtheologischer Bemühungen sehen.

Wenn er hierbei das gesellschaftliche Organismusparadigma über den paulinischen Organismusvergleich zur Kirche auch theologisch legitimiert (IV, 32), so greift er, was ebenso im Hinblick auf das Gesamt seiner organischen Gesellschaftslehre bisher nicht gesehen worden ist, substantiell auch auf eine seit dem Ende des Mittelalters fortgehende gemeinchristlich-organologische Tradition der genannten „Hausväterliteratur" zurück, wie sie vom 16. bis zum Ausgang des 18. Jahrhunderts mit Nachwirkungen bis weit in das 19. Jahrhundert hinein publiziert worden ist.

Otto Brunner hat diese Literatur in den Jahrzehnten nach 1945 richtungweisend erforscht (O. Brunner, Hausväterliteratur, in: Handwörterbuch der Sozialwissenschaften, Bd. 5, 1956, S. 92f., mit Lit.; O. Brunner, Das „ganze Haus" und die alteuropäische „Ökonomik", in: ders., Neue Wege der Verfassungs- und Sozialgeschichte, 3. Aufl., Göttingen 1980, S. 103ff.; Heinz Haushofer, Die Literatur der Hausväter, in: Zeitschrift für Agrargeschichte und Agrarsoziologie, Heft 2, 1985, S. 127ff., mit Lit.).

Sie basiert auf der in der Antike verbreiteten Ökonomieliteratur, in der Xenophon und Aristoteles eine herausragende Rolle spielen. Autoren sind in erster Linie Adlige und Geistliche beider Konfessionen. Die nachmittelalterliche agrarwissenschaftliche Entwicklung hat sich bis in die Mitte des 18. Jahrhunderts wesentlich über die Hausväterliteratur vollzogen. Sie wird ein bevorzugtes Medium zur Pflege des ständischen Gedankens und christlicher Standestugendethik.

Adressaten sind Gutsherren, Verwalter, Amtmänner sowie der Mittel-

christlicher Konservatismus schon am Beginn solcher Tendenzen mit allem Nachdruck entgegenzustellen versucht.

28.

Sozialethische christliche Weltverantwortung als neue Aufgabe einer „fortgehenden Reformation"

Etwas, das Goethe gesagt hat (1817). In: Adam von Müller's gesammelte Schriften. Bd. 1, München 1839, S. 357f., 371–376.

Auf seine Situation einer christlichen sozialethischen Passivität und auf die Vergangenheit reagiert Müller mit scharfer Kritik. So hätten Theologie und Kirche seit dem „Anfange des sechzehnten Jahrhunderts" in den geistigen und gesellschaftlichen Umbrüchen sich „nicht der weltlichen Dinge gehörig bemeistert", „etwas Wesentliches versäumt" (IV, 39). Schon vom Mittelalter sei, „wie aus dem mönchischen Charakter seiner Institutionen hervorgeht", zu sagen, „es versäumte das Irdische, welches nun ... in diesen drei letzten Jahrhunderten reagiert und sich für die Versäumnis bitter gerächt hat" (IV, 37).

Man habe das „bloße Entsagen der Welt" einseitig in den Vordergrund gestellt und darüber vergessen, „Fürsten, Staatsdiener, Hausväter etc. können nicht der Welt entsagen" (V, 43). Generell sei das „große Gebrechen der Zeit" in der verbreiteten Überzeugung zu sehen, daß „die Religion mit den sogenannten weltlichen Dingen nichts zu schaffen habe" (IV, 38), daß sie als „ausschließend häusliche und Privatangelegenheit" (V, 42) zu verstehen sei.

stand. Diese Ökonomieliteratur versteht sich als Lehre vom „ganzen Haus" im Sinne der landwirtschaftlichen Wirtschaftsgroßfamilie, mit den Gliedern des Hausvaters, der Ehefrau, der Kinder, des Gesindes bzw. aller Arbeiter. Sie beschreibt zugleich alle zum „Haus" gehörenden Sach- und Produktionsmittel sowie ihre optimale Nutzung.

Die Weise der Zuordnung der Glieder des Hauses sowie der Herrschafts- und Ämterausübung basiert einerseits auf dem aristotelischen Organismusparadigma sozialer Beziehungen und organisch-ständischer Differenzierung der Funktionsträger als notwendiger „Glieder" des „Gemeinschaftskörpers", andererseits auf dem paulinischen Bild von der Kirche als „Leib" Christi oder „Haus" Gottes (1 Kor 12; Eph 4,4–16 u. 2,19–22). So wie Gott letztlich das Haupt oder die „Seele" des „Körpers" aller irdischen Haushaltung bedeutet, so stellt in einer abgeleiteten Form der Hausvater als Stellvertreter oder Verwalter Gottes das Haupt oder die „Seele" des „Körpers" der Hausgemeinschaft dar.

Müller ist mit der Hausväterliteratur während mehrjähriger Aufenthalte zu Studienzwecken bzw. als Hauslehrer auf adligen Gütern in seinen frühen Jahren eingehend bekannt geworden. Man begegnet ihrer Sprach- und Denkwelt besonders in seinen ökonomischen und agrarpolitischen Schriften (vgl. z.B. II, 12). Dieser Gesichtspunkt ist in die Interpretation der Gesellschaftstheorie und Sozialethik Adam Müllers bisher nicht einbezogen worden.

Müllers organische Gesellschaftslehre bedeutet nach allem faktisch die in das Moderne gewendete Rückführung des Organismusparadigmas der Hausväterliteratur aus dem Mikrobereich von „Haus" und Familie als Kirche und Staat im kleinen in die Ebene der vielgestaltigen makrogesellschaftlichen Organismuskonzeptionen des Mittelalters (zu diesen

Nunmehr gelte es, „das Himmlische in das Säkulum ein- oder vielmehr zurückzuführen" (IV, 28). Ein solches Bestreben habe zum „Mittelpunkt *die wahrhaftige Inkarnation, die wirkliche Mensch- und Fleischwerdung des allmächtigen Gottes*" (IV, 28), in der Überzeugung, daß „die äußere Welt mit allem notwendigen Beiwesen, so gut wie unser Leib und alle Träger der Vergänglichkeit an uns, eingeführt werden können in Gott" (V, 43).

Dieses „fortgehende Werk" einer wahren „Reformation" habe zur Aufgabe die „Bildung einer *christlichen Philosophie*", einer christlichen Sozialphilosophie als Sozialethik, welche „die göttlichen und die menschlichen Angelegenheiten verbinden soll, ohne sie zu verwischen, ohne den Unterschied zwischen beiden aufzuheben" (IV, 28); welche das eine Extrem der bloßen Konzentrierung auf das eigene Seelenheil, auf die „Moral einer frommen Selbstpeinigung" ebenso vermeidet wie das andere Extrem, wie es eine „weltliche Politik zugunsten des Reiches Gottes" darstellt (IV, 28).

In dem zweiten Bande der Goetheschen Briefe aus Italien findet sich bei Veranlassung einer gerechten Würdigung der Verdienste des heiligen *Philipp von Neri* die folgende merkwürdige Äußerung:

„... doch bedeutender muß auffallen, daß gerade dies zu Luthers Zeit geschah und daß mitten in Rom ein tüchtiger, gottesfürchtiger, energischer, tätiger Mann gleichfalls den Gedanken hatte, das Geistliche, ja das Heilige mit dem Weltlichen zu verbinden, das Himmlische in das Säkulum einzuführen und dadurch ebenfalls eine Reformation vorzubereiten. Denn hier liegt doch ganz allein der Schlüssel, der die Gefängnisse des Papsttums öffnen und der freien Welt ihren Gott wiedergeben soll."

Es ist nicht etwa die einem großen Heiligen der römischen Kirche erwiesene Gerechtigkeit und nicht die freimütige Anerkennung von Tugenden, welche einem großen Teile der christlichen Welt gänzlich unbekannt sein oder verdächtig erscheinen mögen, sondern es ist die unter den angeführten Worten hervorleuchtende richtige und ruhige Ansicht der Reformationshändel selbst, welche die Aufmerksamkeit in hohem Grade verdient.

Unter dem Geräusche, welches das rückkehrende Reformationsjubiläum veranlaßt hat, scheint sich der eigentliche Gegenstand der Feier mehr verhüllt als mit Klarheit vergegenwärtigt zu haben. Die zitierten Worte bezeichnen diesen Gegenstand höchst treffend, indem sie dem *Gedanken*, das Himmlische in das Säkulum ein- oder vielmehr zurückzuführen, und der *Absicht*, eine Reformation vorzubereiten, nicht aber einem vermeintliche *Werke*, einer angeblichen *Tat* die Ehre geben. Es sind der Gedanke und die Absicht einer Reformation der Kirche im Haupte und in den Gliedern, welche allen Glaubenshelden des 12ten bis zum 15ten Jahrhundert gemein waren und welche von da an bis jetzt alle Herzen, die sich nach einer höheren Gemeinschaft als der vergänglichen, unsicheren, täglich mehr verkümmerten des Marktes und der körperlichen Bedürfnisse sehnen, sichtlich erfüllt haben: Gedanke und Absicht einer Reformation der vergänglichen Außenwerke und der gebrechlichen Werkzeuge der Kirche, welche seit Anbeginn des Christentums fortgehende Reformation bedurften und erfuhren und nur durch die seit dem fünfzehnten Jahrhundert eingetretenen politischen Reformen in ein besonderes auffallendes Verhältnis zum Säkulum gesetzt waren. (...)

Der große deutsche Dichter, dessen Worte uns zu gegenwärtigen Äußerungen veranlaßt haben, meint offenbar eine andere Art der Reformation, in der es nicht auf Trennung der Welt von ihrem Gott, sondern gerade auf recht inniges, gegenseitiges Sich-Wiedergeben beider abgesehen ist, und die auch allein dem Geiste jener Religion, deren Mittelpunkt *die wahrhaftige Inkarnation, die wirkliche Mensch- und Fleischwerdung des allmächtigen Gottes ist,* angemessen sein würde. Eine solche Reformation aber wäre mit dem Zweifel, ob Jesus Christus eine wahrhafte, irdische Kirche körperlich und sichtbar und unüberwindlich gegründet, schlechthin unverträglich. Vielmehr der feste Glaube, daß das Himmlische auf Erden bestünde, fortlebte und nach einem sichtbaren historischen Stammbaum forterbte, wäre ja die unerläßliche Vorbedingung, um es ins Säkulum, in den Zusammenhang ihrer irdischen Geschäfte einzuführen.

Wie bestimmt deutet auch das bescheidene Wort Reformation auf diesen Sinn! Was gäbe es wohl an einer unsichtbaren Kirche, an den Vorstellungen eines unpersönlichen Gottes zu reformieren? Und was wäre eine sichtbare Kirche ohne irdische befestigte Regel und Sukzession, ohne menschliche Macht und Autorität? – Oder was hätte eine Reformation mit einem erst künftig zu erwartenden Messias und seinem Reiche, wie dem der Juden und so vieler unserer Zeitgenossen, *schon jetzt* zu schaffen? Wie könnten wir von Reformation reden, wenn das zu Reformierende – ein dereinstiges neues Evangelium, mit Lessing zu reden – erst bevorstünde? –

Täuscht Euch nicht! Die Kirche Jesu Christi steht unerschütterlich auf der alten Stelle! Der allgemeinen Auflösung unserer Zeiten ist sie nicht unterlegen. – Sie hat das Wüten der Neronen, Diokletiane und der Tyrannen überlebt, die ketzerischen Angriffe der eitlen Vernunft allenthalben siegreich überwunden, die Sünden und Treulosigkeiten ihrer eigenen Kinder bestraft und verschmerzt; und nun zuletzt dem Anstürmen von zehn Generationen der verwegensten Sophisten ohne Wanken widerstanden. Sie ist es, die mit Fug und Recht ihr Siegesjubiläum feiern könnte.

Aber zugleich mit ihr steht in allen treuen Kindern das Verlangen und das Streben jener Reformation fest, deren Werk schon unter den Aposteln Jesu Christi begann und nie aufhört, weil die Gebrechlichkeit der Werkzeuge nie überwunden ist und weil – da das Gebäude selbst in allen seinen wesentlichen Teilen unveränderlich und ewig – es auch immerfort darauf ankommen wird, die Laune der vergänglichen Bewohner dem standhaften Willen des Bauherrn zu unterwerfen. Diese Reformation geht nicht bloß vom Priesterstande, auch nicht bloß von seiten der christlichen Laien aus, aber sie lebt und webt in dem Gedanken wechselseitiger Anerkennung, Freiheit und Dienstbarkeit beider. Sie strebt nach dem geheimnisvollen Bande der Liebe, welches Kirche und Staat, die göttlichen und die menschlichen Angelegenheiten verbinden soll, ohne sie zu verwischen, ohne den Unterschied zwischen beiden aufzuheben; denn zu aller Liebe gehören zwei Personen: Gott und Mensch, Christus und seine Kirche, eben diese Kirche und der christliche Staat.

Das fortgehende Werk dieser Reformation ist die Bildung einer *christlichen Philosophie*, einer Wissenschaft der Vereinigung aller göttlichen und menschlichen Dinge, einer Kunst der Verständigung und Friedensstiftung zwischen allen himmlischen und irdischen Gewalten. Vor ihr besteht weder die Moral einer frommen Selbstpeinigung, noch eine weltliche Politik zugunsten des Reiches Gottes. Sie ist die Befestigungskunst des wahren Glaubens gegen die Angriffe der falschen Vernunft, und der wahren Vernunft gegen die Anmutungen des toten Glaubens. Sie ist der wahre, von dem Glauben der römischen Kirche unzertrennliche Protestantismus. – Sie vermag zu prüfen, *weil* sie glaubt. – Es heißt nicht: Glaube *oder* prüfe! Denn wer nur eines wollte, könnte keines von beiden; sondern es heißt: Glaube *und* prüfe! – Es heißt: Gehorche, aber in der Freiheit! Sei frei, aber im Gehorsam! – Denn wie möchtest du frei sein ohne festen Boden, Schranke, Gegenstand, Zweck deiner Freiheit, also ohne bleibende Gesinnung, Autorität, Glaube, Gehorsam; ohne persönliche Liebe, die das Ganze umfaßt: Wie vermöchtest Du zu denken und zu wissen, ohne die Grundlagen eines dauerhaften Herzens, ohne Tugend und heilige Gewohnheit? – Vertragen sich denn nicht das blinde Herz und das klar sehende Auge an einem und demselben Leibe? Warum also nicht der blinde, ehrliche Glaube und die schlangenäugige Philosophie in derselben Kirche? –

Wäre eine solche Reformation, wäre ein Fest der wahren Freiheit und nicht der falschen, ungöttlichen und abgöttischen Vernunftphilosophie, welche alle Bande erst des Gewissens, dann der Familie und endlich der Staaten auflöst, gemeint, so könnten alle, die den Namen Jesu Christi bekennen, sich zu dieser Feier vereinigen. – Wozu auch Gedächtnisfeier und Jubiläum des Christentums selbst, von dem wir wissen, daß es uns und alle Geschlechter der Menschen überleben wird? Aber daß das Streben der Menschen, ihre *Freiheit* (d.h. ihre Bevollmächtigung zur Liebe, zum edlen Gehorsam und zur würdigen Anbetung Gottes) – zu gebrauchen, ihr Trieb, die Kirche Gottes auch äußerlich rein und des hohen Anwesenden würdig zu erhalten – rege geblieben ist; daß der Unwille über die Mißbräuche der heiligen Sache Gottes ganze Generationen entzünden konnte, dies bleibt unserer kleinen Jubelfeste allerdings würdig. Dies ist es, was zwar nicht die Philosophen und Helden des

Tages, aber die vielen meinen, welche die heutige Feier mit treuem und demütigem Herzen begehen. Nicht das Menschenwerk überhaupt können wir verdammen, denn Jesus Christus, unser Erlöser, war Mensch und hat menschlicherweise Unvergängliches, Untrügliches gebaut und gestiftet; wohl aber das Menschenwerk derer, die bald im Namen des Erlösers und seiner Kirche, bald im Namen der rebellischen Vernunft und einer entgöttlichten Natur, bald im Namen der Gesetze, bald in dem der Freiheit und des Volksglücks sich selbst, der eigenen Hoffart und dem Geiste der veränderlichen Zeiten mit wahrhaft blindem Aberglauben nachgeben. Diese, da sie *nur* Menschenwerk sehen, sehen auch nur Menschenwerk, also Zerstörungswürdiges überall.

Wo aber ein Funke des Glaubens an die Menschwerdung Gottes zurückgeblieben, da sehnt man sich ohne zu wissen nach derjenigen Reformation, welche die Heiligen aller Jahrhunderte meinten, nämlich nach der nie vollzogenen, aber immer festeren „Verbindung des Himmlischen mit dem Säkulum", also der häuslichsten, liebsten, nur vom Zeitgeiste, von einer falschen Lebenskunst und Philosophie verstrickten Gedanken und Werke – mit der sichtbaren und unvergänglichen Kirche Jesu Christi.

29.

Das Postulat einer christlichen Staatswissenschaft

Die Elemente der Staatskunst. Bd. 2, Berlin 1809. Siebzehnte Vorlesung: Schluß der Rechtslehre, S. 160f.

(...) Um das, was die Gesellschaft heute eigentlich noch bindet, kümmert sich die Wissenschaft nicht; aber was den alten Verband auflöst, was die einzelnen Bürger in der eigennützigen Richtung, welche sie ohnedies schon von der Zeit und den Umständen bekommen haben, bestärkt, das wird von der Theorie eifrig gepflegt und genährt. – Nur die *Religion,* die Mutter aller Ideen, kann den Staaten den Lebensgeist wieder geben, der aus ihnen gewichen ist: Dies ist der Grundgedanke meiner ganzen Betrachtung. Solange ein Glaube noch unberührt und unentweiht dastand und der edlere Teil der Menschen schon im voraus auf das innigste verbunden war: solange hatte die kalkulierende Wissenschaft noch Wert, die nun auch die Äußerlichkeiten, das gemeine Eigentum, das Verhältnis der Staatsgewalten in Ordnung und regelmäßige Bewegung zu bringen strebte. Jetzt, da dieser Glaube und alle Ehrfurcht vor den Vorfahren und alle Scheu vor den Abwesenden verdrängt ist von dem Kredit, den sich eine trockene Verstandes-Jurisdiktion zu verschaffen gewußt hat: jetzt muß sich die Staatswissenschaft schon um der Reaktion willen diesem rechnenden Verstande entgegensetzen. Wenn aber auch die Lage der Dinge zu keiner Reaktion nötigte, so muß die Wissenschaft dennoch zu allen Zeiten das Ganze und Ewige im Auge behalten; diese Vollständigkeit der Ansicht macht sie erst zur Wissenschaft und erhebt sie über die Menge, welche von Ort und Stunde geformt und bestimmt wird. – (...)

30.

Definition und Gegenstand christlicher Staatswissenschaft

Von der Notwendigkeit einer theologischen Grundlage der gesamten Staatswissenschaften und der Staatswirtschaft insbesondere (1819). XI: Einteilung der Staatswissenschaften. In: Adam von Müller's gesammelte Schriften. Bd. 1, München 1839, S. 34–39.

Das erste Programm einer in das Moderne gewendeten christlichen Sozialethik in Deutschland verbindet Müller mit dem Postulat einer „wahren Staatswissenschaft“ (IV, 31) auf der Basis der organischen Gesellschaftslehre. Sie verbindet das Diesseits mit dem Jenseits, Natur und Übernatur, ist mithin auf „das Ganze und Ewige“ (IV, 29) gerichtet. Gerade dieser Blick auf die Fülle der Wirklichkeit, „diese Vollständigkeit der Ansicht macht sie erst zur Wissenschaft“ (IV, 29), entgegen einer Philosophie und Staatswissenschaft der Zeit, die „im Namen der rebellischen Vernunft und einer entgöttlichten Natur“ (IV, 28) auftreten.

Eine solche moderne christliche Sozialethik bedarf zur empirischen Wirklichkeitsanalye der Instrumente der modernen Gesellschaftswissenschaften, wie der „Jurisprudenz“, der „Ökonomik“ und der „Politik“ (IV, 30). Umgekehrt bedürfen diese staatswissenschaftlichen Disziplinen der christlich-ethischen Durchdringung in der Verbindung von Natur und Übernatur im Sinne einer „theologischen Grundlage“. Danach kann die Schaffung einer modernen christlichen Sozialethik nicht das Werk allein der Theologen, auch nicht allein der säkularen Wissenschaftler sein. Sie muß vielmehr vom „Priesterstande“ wie von den „christlichen Laien“ getragen sein auf der Grundlage „wechselseitiger Anerkennung, Freiheit und Dienstbarkeit beider“ (IV, 28).

Die Basis bilden die Normen einerseits der Offenbarung, andererseits der Natur im Sinne einer Wiederherstellung des christlichen Naturrechts und seines Seinsprimats, des schöpfungstheologischen Ansatzes, mithin „die Natur, welche Gott erschaffen“ hat (II, 16), nicht die „entgöttlichte Natur“ (IV, 28) der Aufklärung. Denn „wo dem Göttlichen ausgewichen wird, wie möchte man da das Natürliche finden“ (IV, 40).

Wenn der Mensch also in den beiden natürlichen Beziehungen, welche wir im Anfang dargestellt, nämlich 1. als Haupt eines Staates oder Privater, in der Beziehung *auf sich selbst,* und 2. als Glied eines Staates oder als

Stand, in der Beziehung *auf seine Nebenmenschen,* nicht nur stehen, sondern auch bestehen soll, so muß eine dritte Beziehung hinzukommen, welche den natürlichen Widerstreit jener beiden versöhnt und ihrer notwendigen Wechselwirkung Haltung und Bestand gibt; dies ist 3. die Beziehung *auf Gott.*

In Beziehung *auf sich selbst* haben wir gefunden, daß der Mensch bald juristisches Subjekt, eigentlicher Privater, Inhaber von Rechten, bald juristisches Objekt, dem Seinigen, seinem Eigentume und seinen Untergebenen verpflichtet oder adskribiert sei. In Beziehung auf *seinen Nebenmenschen* erschien er bald als Haupt und Stellvertreter eines Hauses, bald als Glied eines größeren Hauses.

In Beziehung auf Gott ist er nunmehr, wie wir durch unmittelbare Offenbarung Gottes wissen, einerseits Diener Gottes und als solcher zum Gehorsam gegen alle seine Gebote gehalten, andererseits Kind und Ebenbild Gottes und als solches zur freien Liebe verbunden, zur liebevollen Verwaltung des ihm anvertrauten, väterlichen Erbes, dem er als Meier Gottes (maior domus) und als von ihm verordneter Herr der Erde vorsteht. Ohne höhere Belehrung über dieses zuletzt dargestellte Verhältnis zu Gott würden wir in der natürlichen Betrachtung des Menschen zwar wahrzunehmen vermocht haben, daß derselbe ein gewisses Maß von Herrschaft und Dienstbarkeit zu verbinden habe, beide diese Bestimmungen aber würden widersprechend und feindselig erschienen sein. Die Versöhnung beider blieb ein Geheimnis, und niemals konnte die menschliche Vernunft aus sich allein zu der Erkenntnis gelangen, die für den Schlußstein aller Staatswissenschaft unbedingt anerkannt werden muß, nämlich: *daß sich Herrschen und Dienen untereinander bedingen, daß die Freiheit nur in und durch den Gehorsam ist, der Gehorsam nur in und durch die Freiheit.*

Über die Fassung des gesamten Altertums und seiner hochbegabtesten Weisen weit erhaben und dennoch mit einer Klarheit, die dem ärmsten und beschränktesten Sterblichen einleuchten mußte, hat das Evangelium die beiden obersten Grundsätze des Rechts und der Politik ausgesprochen. Sie lauten für das Recht: omnia ergo quaecumque vultis ut faciant vobis homines, et vos facite illis, und für die Haushaltung oder Politik: qui major est vestrum, erit minister vester; – qui voluerit inter vos primus esse, erit vester servus. – Diese einfachen Sprüche haben die ganze Gestalt der Welt verändert.

Wie sich aber aus den beiden entgegengesetzten Beziehungen, in die sich der natürliche Mensch gestellt findet, zwei ebenso entgegengesetzte Wissenschaften, die Rechtslehre nämlich und die Klugheitslehre oder die Jurisprudenz und die Politik, ergeben mußten, so zeigt sich nunmehr, nachdem die Unentbehrlichkeit einer dritten Beziehung dargetan worden, auch eine unentbehrliche dritte Wissenschaft, nämlich die Wissenschaft von den geoffenbarten göttlichen Wahrheiten oder die Theologie, in welcher die streitenden Elemente des irdischen Daseins, das Recht und die Klugheit, sich als Gerechtigkeit und Liebe in ewiger Vereinigung darstellen. Diese durchaus positive Wissenschaft steht in gleich inniger Beziehung sowohl auf die wahre Jurisprudenz als auf die echte Politik. Die gebrechliche Entzweiung der menschlichen Natur aber nötigt uns auch, sie in der Gestalt zweier Wissenschaften, nämlich der auf die Jurisprudenz gewendeten Theologie und der auf die Politik gewendeten Theologie anzuschauen.

I. *Von der auf die Jurisprudenz gewendeten Theologie.* Aus dem bloßen Chaos der Natur, wie sie sich unserer ohnmächtigen Vernunft ohne höheren Beistand in alle Ewigkeit darstellen würde, und aus dem Labyrinthe dieser menschlichen von Gott entblößten Vernunft können weder Prinzipien noch Folgerungen, weder Form noch Stoff standhaft entnommen werden. Die neuesten Forschungen auf dem Gebiete der vermeintlichen Natur- oder Vernunftmoral sowie des Natur- oder Vernunftrechtes kommen mit den ältesten und gründlichsten darin überein, daß diese angeblichen Wissenschaften durchaus nicht wissenschaftlich zu begründen sind. Die eigentliche und wahre Moral, deren wir an dieser Stelle bedürfen, ist der Inbegriff der Pflichten, die iuris divini sind, also auch der streng juristischen, da uns der Gehorsam gegen die weltlichen Gesetze durch göttliches Gesetz zur Pflicht gemacht worden ist. Diese Wissenschaft ist es, welche dem Studium der Jurisprudenz anstatt des bisherigen Naturrechtes voranzugehen hätte. Sie ist eine durchaus positive Wissenschaft und bezieht sich nicht auf das, was der beschränkte und wankelmütige Mensch hier und dort gut und böse genannt hat, sondern auf dasjenige, was der unwandelbare und ewige Gott in positiven Offenbarungen als gut oder böse festgesetzt. Diese Wissenschaft vom Guten und Bösen betrachtet den Menschen als Knecht Gottes, d.h. als juristisches Objekt des als juristisches Subjekt sichtbar offenbarten Gottes. Als juristische Objekte Gottes sind alle Menschen *gleich vor Gott,* keiner ist so groß, daß er nicht mit dem Geringsten in gleicher Verpflichtung zu Gott stände. Alle Menschen sind Diener Gottes. An diese Wissenschaft reiht und auf ihr gründet sich:

Die Jurisprudenz. Der Mensch ist, durch Gottes Willen, juristisches Subjekt. Gott hat seine juristische Subjektivität an alle Menschen, jedoch in unendlich verschiedener Art und Maße, deputiert. Keiner ist so gering, daß er nicht durch Gottes Gnade Rechte habe. Aber diese von Gott gesetzten Rechte sind endlich, also können sie nicht gleichartig sein. Dem endlichen Subjekte muß ein endliches Objekt, jedem Recht seine Pflicht entgegenstehen. Daß die Menschen *ungleich vor dem Gesetze* sind, wie Erfahrung und Geschichte lehren, daß jeder einzelne einen verschiedenartigen Anteil an der Herrschaft über die Erde und über seinesgleichen habe, ist der oberste Grundsatz der Jurisprudenz.

II. *Von der auf die Politik oder Klugheitslehre gewendeten Theologie.* Die Ökonomik oder allgemeine Staatswirtschaft, die Vorbereitungswissenschaft der Politik, wie die oben beschriebene Moral die der Jurisprudenz, hat es mit der positiven Einrichtung Gottes, des Hausvaters, zu tun, über die wir in den Schriften des Alten und Neuen Bundes, in der mosaischen und christlichen Verfassung und überhaupt in der positiven Geschichte der Natur und aller Länder und Völker der Erde so vielfältige Auskunft finden. In der *bloßen* Natur, ohne deren geoffenbarten, göttlichen Kommentar, in der *bloßen* Vernunft, ohne deren Erhellung durch die göttlichen Offenbarungen, finden wir niemals das Geheimnis der Haushaltung und die wahre Erkenntnis dessen, was nützlich oder schädlich ist. Die Vernunft ist ein bloßes Werkzeug und die Natur ein rohes Material; erst unter Gottes Anleitung verbinden sie sich zu einem herrlichen Ganzen; ohne Gott zerstören sie sich untereinander. – Die Ökonomik geht von der Erkenntnis aus, daß der Mensch ein Kind sei in der großen Familie Gottes, Glied in dem großen Haushalte oder Staate unter dem Haupte Gott. Als Glieder dieses Haushaltes Gottes sind alle Menschen gleichgestellte Erben seiner Seligkeit, gleiche Gegenstände seiner versorgenden Liebe. Auf dieser Wissenschaft nun gründet sich:

Die Politik. Der Mensch ist durch Gottes hausväterliche Anordnung sein Ebenbild, nämlich gleichfalls Haupt einer Gliederschaft; Gott hat seine Vaterschaft an jeden einzelnen deputiert, hat jedem einzelnen einen besonderen Wirkungskreis seiner Freiheit, einen besonderen Staat und Körper, dessen Haupt er ist, zur freien Disposition übergeben; daher unendlich viele und verschiedenartige Staaten und Freiheiten. Die wahre Freiheit (deren Zerrbild die Willkür) ist nur unter den Freiheiten der übrigen, also im Gehorsam gegen diese und gegen Gott, den Verteiler und Urquell aller Freiheiten. Niemand vermag Vater zu sein, als der treue Kindschaft übt; niemand Herr als der Untertänige.

Hiernach wäre nun das ganze Gebiet der Wissenschaft von dem gemeinen Wesen in vier deutlich unterschiedene Felder abgeteilt:

1. In die *Moral* oder die Wissenschaft vom Guten und Bösen; 2. in die *Jurisprudenz* oder die Wissenschaft von Recht und Unrecht; 3. in die *Ökonomik* oder die Wissenschaft von Heil und Unheil; 4. in die *Politik* oder die Wissenschaften von Nutzen oder Schaden. Moral und Ökonomik oder die Wissenschaften von den göttlichen Gesetzen und der göttlichen Haushaltung bilden den allgemeinen theologischen, Jurisprudenz und Politik den besonderen und irdischen Teil des Ganzen. Alle diese vier Wissenschaften sind ihrer innersten Natur nach historisch und positiv. Moral und Jurisprudenz haben es zunächst mit den ausgesprochenen göttlichen und menschlichen Gesetzen, Ökonomik und Politik mit der großen *Tradition* der hausväterlichen Liebe zu tun, die wir mittelbar und unmittelbar aus den Händen Gottes empfangen. Dort ist die große Be-

stimmung der menschlichen Vernunft, die Verteidigung, Behauptung und Ausübung der göttlichen und um ihretwillen auch der menschlichen Gesetze; hier die Sorge und Anordnung von Haus und Staat in dem Geiste der von oben offenbarten Liebe und der verordneten Gegenseitigkeit in allen menschlichen Dingen.

31.

Christliche Staatswissenschaft auf der Basis der „göttlichen Offenbarungen in Natur, Überlieferung und Schrift"

Die innere Staatshaushaltung; systematisch dargestellt auf theologischer Grundlage (1820). IV: Von dem Systeme der Staatswissenschaft überhaupt, sowie der Politik insbesondere. In: Adam von Müller's gesammelte Schriften. Bd. 1, München 1839, S. 267f.

Wir haben in unseren früheren Betrachtungen von der Notwendigkeit einer theologischen Grundlage der gesamten Staatswissenschaft insbesondere versucht, die Jurisprudenz und die Politik in ein befriedigendes Verhältnis zu setzen, und es ergab sich, daß weder das Recht und der Nutzen, noch der Gehorsam, welchen jenes, und die Freiheit, welche dieser verlangt, irgend in eine Übereinstimmung zu bringen waren als vermittelst eines höheren versöhnenden, beide begründenden und umfassenden Prinzips. Hieraus folgte, daß die wahre Staatswissenschaft nur dadurch zu unserer genügenden Erkenntnis kommen konnte, daß wir sie als die Einheit dreier Wissenschaften, nämlich der Theologie, der Jurisprudenz und der Politik darstellten. Die Jurisprudenz oder das Recht an und für sich konnte uns nur das Material der Staatswissenschaft darbieten, die Politik hingegen, oder die Klugheit, nur das Werkzeug, womit jenes Material seiner Natur und Eigenheit gemäß zu bearbeiten gewesen sein würde, wenn sich im ganzen Gebiete menschlicher Wirksamkeit eine bildende Kraft hätte auffinden lassen wollen, die es mit einem so gewaltigen Materiale und einem so erhabenen Werkzeuge aufzunehmen vermocht hätte. Diese Kraft aber war nicht vorhanden, war aus menschlichen Mitteln nicht zu konstruieren, nicht zu erfinden. Wir verabschiedeten die Hoffart und Anmaßung der menschlichen Vernunft und bekannten demütig, daß die Kraft, welche die Staaten begründet und erhält und die Ansprüche des Rechtes und der Klugheit ausgleicht, nur von oben kommen könne und von Gott in den göttlichen Offenbarungen gegeben sein müsse. So nun ergab die Verbindung dreier Elemente eine wahre Wissenschaft des gemeinen Wesens. Indem wir nun zur besonderen und näheren

Erwägung einer dieser drei Wissenschaften, nämlich der Politik oder der Staatswirtschaft vorschreiten, zeigt sich, daß auch diese nur als eine dreifache Wissenschaft dem, durch positive Erkenntnis Gottes erhobenen, menschlichen Verstande genügen könne. Die drei Wissenschaften, welche die Politik formieren, sind: 1. Die Wissenschaft des politischen Materials, d. h. des gesamten Stoffes, den sie aus den Händen der Jurisprudenz erhält, also des unter den bestehenden Macht- und Besitzstand gestellten Eigentums, welches in der Sprache der Politik nicht deutlicher als mit dem Worte *Kapital* zu bezeichnen ist; 2. die Wissenschaft des politischen Werkzeuges, d. h. der klugen Anwendung der menschlichen Kraft: in der Sprache der Politik ausgedrückt, die Wissenschaft von der menschlichen *Arbeit;* 3. da aber weder dies Kapital noch die Arbeit, d.h. weder das Material, noch das Werkzeug der Politik, aus sich selbst sich untereinander auszugleichen und zu verbinden vermögen, da eine höhere Kraft hinzukommen muß, die das tausendjährige Kapital mit der Arbeit des Tages und der Stunde in Übereinstimmung setzt, und es auch eine solche höhere Kraft des göttlichen Segens allein sein kann, der die Disposition über das Kapital, d. h. über das von allen vorangegangenen Geschlechtern hinterlassene Erbteil zugeschrieben werden kann, so wird eine dritte, aus den göttlichen Offenbarungen in Natur, Überlieferung und Schrift hergeleitete Wissenschaft von der Gesetzgebung oder von den *Ständen* (Staaten) hinzukommen müssen, um das ganze Gebiet der Politik abzuschließen. Kapital nämlich und Arbeit verbinden sich unter dem Einflusse der göttlichen Haushaltung zu wahren oder wirklichen Zuständen (oder Ständen), von denen diese dritte Wissenschaft handelt.

32.

Das gesellschaftliche Organismusparadigma – gegründet in der „natürlichen Ordnung der Dinge" und über den paulinischen Organismusvergleich in der „göttlichen Offenbarung"

Briefe über Geldnot, Finanzen und andere dringliche Angelegenheiten (1819), Nr. 2. In: Adam von Müller' gesammelte Schriften. Bd. 1, München 1839, S. 170f.

(...) Zwischen den Staatswirten und Ärzten ist eine nahe Berührung; sie haben einander wechselweise unendlich viel zu sagen und zu lehren; der größte Erfinder auf dem Gebiete der Staatswirtschaft war ein Leibarzt *Ludwigs* des XV. und der bekannteste Reformer der Landwirtschaft ein Arzt und lebhafter Anhänger der *Brownischen* Schule, bevor er die Lehre von der ökonomischen Sthenie und Asthenie aufstellte; aus den ökonomischen Systemen beider ließe sich mit großer Zuversicht ihr früheres ärztliches System und dessen Einseitigkeit deduzieren. Also kann ich den Einsiedler nur bitten, sich den Meereswellen und algebraischen Formeln sowie der allgemeinen schon durch ihre Leichtigkeit verdächtigen Natur und Vernunftgesetze zu entschlagen, sich dafür an das konkrete, positive Gleichnis des menschlichen Körpers zu halten, nicht weil ich, oder überhaupt, weil menschlicher Witz, sondern weil die göttliche Offenbarung dazu auffordert. Statt der unbestimmten Weisungen der „Mutter Natur", die ja nicht mehr oder weniger, als was ihr verzogenes, launisches und mutwilliges Kind, die menschliche Vernunft, gerade erlauben will, daß sie sei, frage unser *Einsiedler* den heiligen Ausleger der göttlichen Offenbarungen im 12. Kapitel seines ersten Briefes an die Korinther: Corpus non est unum membrum, sed multa u.s.f. Dies Buch wird ihn über die politische Schöpfung etwas deutlicher und gründlicher belehren, als sein Buch der Natur, aus dem er den *freilich sehr einfachen Spruch* entnommen, „daß ein jedes Geschöpf so vollkommen sein solle, als es nach den Umständen sein könne".

Daß jedes Organ an seinem Ort und in seiner Art wirken solle, ohne die übrigen zu beeinträchtigen, ist die große, mit unnachahmlicher Klarheit ausgesprochene Lehre des Heil. Paulus: Anfang und Ende aller Politik. Wer hat behauptet, daß irgendein Organ von der Bluterzeugung oder Zirkulation ausgeschlossen werden soll? Ich gewiß nicht. Behauptet habe ich, und hoffe auch noch alle *Einsiedler* der Welt davon zu überzeugen, daß die heutige Geldnot, welche den Kaufmannsstand, die städtische Industrie und demnach auch die Regierungen empfinden, *nicht bloß*, wie gewöhnlich geglaubt wird, in zufälligen äußeren Aderlässen, sondern hauptsächlich in einer gewissen inneren körperlichen Zerrüttung, in falschen Funktionen des Gefäßsystems ihren Grund habe.

Wenn etwa das venöse und das arterielle System in ihren Funktionen verwirrt wären und ich diese Umkehrung der natürlichen Ordnung der Dinge anklage, würde ich dann deshalb die Verbindung der beiden Systeme aufgehoben, jene geheimnisvollen Stellen, wo die Anastomose vor sich geht, gespart und den großen Gefäßen alles Blut zugewendet wissen wollen?

Die Zeiten sind vorüber, wo man das Blut für den ausschließlichen Sitz der Seele im menschlichen Körper und die Metallgeldmaterie für den eigentlichen Sitz des Lebens im politischen Körper hielt. *Adam Smith* hat gelehrt, daß die Verrichtungen der Organe, daß die industriellen Arbeiten mit ebendemselben Rechte für die Wesentlichkeit des bürgerlichen Lebens gehalten werden können. Aber auch er haftet nur an der Masse dieser Arbeiten, wie die früheren an der Masse des Geldes. Nunc autem posuit Deus membra, unum quodque eorum in corpore sicut voluit: Auf das Verhältnis der verschiedenen Arbeiten und Funktionen, auf die von einer höheren Hand als der unserigen festgesetzte Ordnung der Organe kommt in der politischen wie in der medizinischen Diagnose alles an. Die Erkenntnis dieses Verhältnisses setzt ein festes Studium des Vorhandenen, Gegebenen, Positiven voraus; mit einer algebraischen Formel ist in der Politik sowenig als mit einer *Brownischen* Formel in der Medizin auszurichten. (...)

33.

Die Elemente des Wissens

Vermischte Schriften über Staat, Philosophie und Kunst. Bd. 1, 2. Aufl., Wien 1817. Kap. III: Beiträge zur Philosophie der Sitten und der Natur, Ziff. 9: Wissen und Glauben, S. 370f.

Alles Wissen hat die zwei Elemente, eines aus Gott und eines aus der empfangenden oder entgegen-erzeugenden Kraft des Menschen: d.h. es besteht notwendig aus Glauben und Wissen. Daher ist alle Wissenschaft auch notwendig theologisch, und nur ein Grundirrtum, da nämlich das profane Wissen für sich allein und ohne die Heiligung aus Gott, d.h. ohne ewige Reaktion des Unsichtbaren bestehen zu können vermeint.

Alles Auffassen der Dinge und ihrer Einzelheiten, alles Zerlegen der Dinge mit der Schärfe des Verstandes gibt als ungedenkbares Resultat den Tod: Neben dieser Einzelheit aber ist zu fassen die Unendlichkeit der Dinge, ihr Zusammenhang mit dem Universo; diese sind im gemeinen Sinn des Wortes nicht zu wissen, sondern eben, da sie ihrer Natur und der ganzen Voraussetzung nach nicht abzuschließen sind, nur zu glauben. Von der Unendlichkeit der Dinge wissen wir durch Offenbarung, also ist diese Offenbarung von Hause aus schon in der Lehre vom Gegensatz des Wissens und Glaubens enthalten.

34.

Vernunft und Glaube

Adam Müller an *Friedrich Gentz.* Brief v. 17. April 1817. In: *Jakob Baxa (Hrsg.),* Adam Müllers Lebenszeugnisse. Bd. II., Paderborn, München, Wien 1966. Nr. 916, S. 28f.

Aus der organischen Weltansicht, aus dem thomistischen Ordo-Gedanken, aus dem schöpfungs- und erlösungstheologischen Prinzip der Einheit und Ganzheit folge, es verbinden sich die „bloße Natur" und die „bloße Vernunft" nicht allein, vielmehr nur über die Offenbarung „zu einem herrlichen Ganzen", das dazu befähigt, das „Geheimnis der Haushaltung“ Gottes, des universalen „Hausvaters“ und insofern „die wahre Erkenntnis dessen, was nützlich oder schädlich ist“, zu finden (IV, 30).

Dieses übergreifende Ganze im Sinne der organischen Einheit von Natur und Übernatur nennt Müller „Erkennen“ in den zwei Wegen einerseits der Vernunft, welche das „Einzelne wahrnehmen“ soll, andererseits des Glaubens, der allein dazu befähigt, das über die Vernunft erkannte „Einzelne“ richtig in das „Ganze“ der Wirklichkeit von Natur und Übernatur einzuordnen (IV, 34). Ohne den Glauben fehlt nach allem der Vernunft die richtige Einordnung ihrer Wahrnehmung in „eine Ordnung und einen Zusammenhang der Dinge“ (IV, 34). So ist die Vernunft als natürliches Vermögen ihrer Bestimmung nach als auf Gott und Übernatur ausgerichtete oder „entgegen-erzeugende Kraft des Menschen“ (IV, 33) zu verstehen.

Das Urteilende in Ihnen, verehrter Freund, und welches Sie Vernunft nennen, ist es denn ein so *einfaches* Wesen, als Sie anzunehmen scheinen? Und hätten Sie dessen Entzweiung nie gefühlt? Sie sagen: „Von allem, was durch die Vernunft erkennbar ist, muß auch eine Appellation an die Vernunft gelten.“ – Wer aber behauptet denn, daß die *Vernunft an und für sich* irgend etwas erkenne? Nehmen Sie ihr den Glauben, ich will noch nicht sagen an Gott, aber an eine gewisse Gerechtigkeit des Weltganges, an eine Ordnung und einen Zusammenhang der Dinge; trennen Sie von ihr das Gewissen und alle vielfältigen Anregungen und Heimlichkeiten, für die ihr das Ohr zuteil wurde, so bleibt Ihnen nichts als die tierische Vernunft, der Sie immer mehr die Fähigkeit des Erkennens zuschreiben wollen. – Erkennen heißt: ein Einzelnes *wahrnehmen* und *zugleich* an ein gewisses Ganzes (eine moralische oder physische Weltordnung, in die es notwendig gehört oder willkürlich versetzt wird) *glauben.* Trennen Sie dieses echte oder falsche Glauben von dem Erkennen, so verbleibt Ihnen nichts als das tierische Wahrnehmen, der Sinnesklang oder Nachklang, der nur körperliche Spuren hinterlassen, aber nie ein Urteil erzeugen kann. – Indes geben Sie mir wohl zu, daß ein gewisses unaufhörliches Glauben nicht von dem Wahrnehmen der Vernunft, ein Gehorchen, Hören und Leiden derselben nicht von ihrem Handeln, Sprechen und Urteilen zu trennen ist. Die Vernunft kann es nicht leugnen, daß sie empfängt, daß ihr ununterbrochen gegeben wird, daß sie einen Herrn hat, vielleicht bald diesen, bald jenen, daß sie getragen wird, bald von einem Winde, bald von einem Felsen – genug, daß sie abhängig ist, daß sie nicht oberster Richter der Dinge ist. Diesen Glauben an einen höheren Herrn, oder an viele, an ein höheres Gericht, oder an viele (ohne welchen Glauben die Vernunft ihre eigene Gebrechlichkeit und Beschränktheit nicht ertragen würde) bitte ich also als einen notwendigen Beisitzer der Vernunft bei jedem Ihrer Urteile anzuerkennen. Da nun also der Glaube von der Vernunft nie und nirgends zu trennen ist, so wird es nur darauf ankommen, den wahren von dem falschen Glauben zu unterscheiden. Den falschen Glauben lehren uns die Welt und die Zeit am besten erkennen. Es ist jener komplizierte Zustand der Vernunft, da sie 1. einerseits bewußtlos glauben, leiden und gehorchen muß, dieses ihr Glauben, Leiden und Gehorchen aber aus Hochmut nicht anerkennen will und sich daher andererseits aus eigenem Holze einen Glauben schnitzt und als eigenes Gemächte (Artefakt) sich unterwirft, das sie dann Natur oder Staat oder nach Herzenslust auf tausenderlei Weise nennt. Die so verkehrte und verhunzte Vernunft ist es, vor deren Richterstuhl die Reformation auch sogar den wahren Glauben gezogen hat. Oder 2. da sich die Vernunft dem Glauben blind und untertänig unterwirft, da sie von der Gnade des Höheren nur leiden, nur hören, nur empfangen will. – Wo gibt es noch eine Seele, wie die Ihrige, liebster Gentz, die so treu und so sensibel diese beiden Gestalten des falschen Glaubens abhorriert hätte? Ich wäre ein Ungeheuer der Undankbarkeit, wenn ich vergessen könnte, wie oft und wie sicher Sie mir dabei vorempfunden haben. – Wie leicht wäre es also, Sie für den wahren Glauben zu gewinnen! Wie leicht zu der Anerkennung zu gelangen, daß der Glaube an Gott, also Gott selbst jener permanente Beisitzer der Vernunft bei ihren Urteilen sein müsse, kurz, das, was wir Seele nennen und welches eigentlich das nach Verhältnis seiner Freiheit dummer oder klüger Urteilende in uns ist, nichts anderes sei als gemeinere oder höhere Liebe; ein liebender Verkehr der Vernunft mit Gott, ein gebundener und bewölkter – oder ein reiner und freier! Es gibt eine Appellation von den Weltgesetzen (z.B. von der politischen Legitimität) – aber nicht an die isolierte broullierte *Vernunft,* sondern an diese glaubende und liebende Vernunft. – Wäre nun die Religion des Evangeliums nichts anderes als *der für diesen liebenden Verkehr der menschlichen Vernunft, durch ein Entgegenkommen des unvermeidlichen Gottes, eingerichteter Glaube,* so bedürfte es für ein Gemüt wie das Ihrige, welches schon so lange ein gründliches Mißtrauen gegen den falschen Glauben nährt und die einzige erforderliche Tugend der Demut hinzu bringt, wohl keines weiteren Wunders; es bedürfte nur der gehorsamen Anerkennung jenes allgegenwärtigen Wunders, welches die Vernunft kräftigt und frei macht. Könnte eine Seele wie die Ihrige in dem immer unvermeidlichen Zwangsverhältnisse mit ihrem Gott, ihrem Freund und Beisitzer bis an ihr Ende verharren? Der Aufgabe, mit Ihnen über diese großen Gegenstände zu verhandeln, schriftlich zu verhandeln, werde ich immer erliegen. (...)

35.

Die Offenbarung als norma negativa

Vermischte Schriften über Staat, Philosophie und Kunst. Bd. 1, 2. Aufl., Wien 1817. Kap. III, Ziff. 10: Vernunft und Glaube, S. 372.

Freilich hört die Seele nicht auf zu fragen nach der Übereinstimmung der Lehren des Evangeliums mit dem, was Bischof Clarke in seinen Predigten eternal reason und the fitness of things nannte, denn es ist in jeder reinen und gesunden Seele die ewige Voraussetzung, daß die vollendete menschliche Vernunft mit der Offenbarung übereinkommen müsse. Aber deshalb beweisen die Werke der unvollendeten Vernunft auch nichts gegen das Evangelium. Der Vernunft ist ein ewiger Leitstern und Wegweiser gegeben an dem Evangelium; sie kann wissen, inwiefern sie etwas erreicht hat, insofern sie mit dem Evangelio übereinstimmt: wo sie abweicht, an den Stellen mag sie ihre Sterblichkeit, ihre Gebrechlichkeit voraussetzen. Diese Rebe hat eine Ulme, an der sie sich hinaufranken kann.

36.

Thomas von Aquin

Adam Müller an *Elvers,* Brief v. 16. November 1825. In: *Jakob Baxa* (Hrsg.), Adam Müllers Lebenszeugnisse. Bd. II, Paderborn, München, Wien 1966. Nr. 1376, S. 719f.

Im Sinne der Grundsätze Thomas von Aquins unterscheidet Müller eine mit eigener Leistungsfähigkeit zur natürlichen Sittlichkeitserkenntnis ausgestattete, jedoch noch „unvollendete Vernunft" auf der einen, sowie die Offenbarung als „Wegweiser", korrigierendes Richtmaß oder norma negativa auf der anderen Seite, mit deren Prinzipien die ihrer Richtungnahme auf die Wahrheit gewisse und in diesem Sinne „vollendete menschliche Vernunft ... übereinkommen" muß (IV, 35).

Thomas von Aquin, der „standhaftere Begriffe" von „Freiheit, Recht, Wahrheit, Wissenschaft" biete, „als irgendeine andere Schule gewähren kann" (IV, 36), wird von Müller bewußt zu einer Zeit herausgestellt, in der im katholischen Raum Deutschlands thomistische Philosophie und Scholastik insgesamt einen Tiefpunkt der Pflege und Wertschätzung durchlaufen, nicht zuletzt in der Theologenausbildung.

Diese hat sich im endenden 18. Jahrhundert von den „abstrakten Spekulationen" der Scholastik abzuwenden und besonders intensiv nach der Säkularisation von 1803 auf die praktische Seelsorge zu konzentrieren begonnen. Müller beklagt im Jahre 1824, daß etwa die Geistlichkeit in Sachsen bezüglich Bildung und Wissenschaft „mit Ausnahme ... einiger weniger ... in einem Zustande der Indisziplin und Verwilderung“ sei. „An Gelehrsamkeit und priesterlicher Würde fehlt es sehr: der heil. Thomas, die Moral des sel. Liguori sind kaum dem Namen nach bekannt“ (Adam Müller an Johann Hieronymus Graf Allegri; Brief aus dem Jahre 1824; in: Jakob Baxa [Hrsg.], Adam Müllers Lebenszeugnisse, Bd. II, 1966, Nr. 1334, S. 656).

(...) Fragen Sie mich aber, bei welchem Autor der Inbegriff der ganzen Glaubenslehre vollständig und ich möchte sagen in einer Art von offizieller Form für die gesamte katholische Nachwelt hingestellt ist, so kann ich Ihnen nur den h. Thomas von Aquino nennen, der meine eigene sicherste Zuflucht ist, der Frömmigkeit und Wissenschaft, Geist und Gebet, kanonische und juristische Form vereinigt: der die Gedanken der Kirchenväter und die Sitten der katholischen Kirche wie in ein Strahlenbündel wie in einen Brennpunkt vereinigt und auf die katholische Welt, die nach ihm gekommen ist, so konzentriert hinüberwirft, daß unter allen katholischen Büchern seine Summa allein der Ehre gewürdigt werden sollte, vor den H. Vätern von Trient neben der H. Schrift und den Dekretalen auf dem Tische zu liegen, und daß noch heutigen Tages keine katholische Schule für katholisch gelten kann, in welcher die Dogmatik anders als nach dem H. Thomas gelehrt würde. Die Lektüre der beiden Summen (auch die contra gentiles ist nicht zu übersehen) ist für einen freien protestantischen Geist ein mühseliges Unternehmen, aber man würde, wenn man diese Mühe nicht scheute, andere und standhaftere Begriffe auch von Freiheit, Recht, Wahrheit, Wissenschaft p.p. aus ihr entnehmen, als irgendeine andere Schule gewähren kann. Des gelehrten Dominikaner Touron wohlgeschriebenes: vie de S. Thomas d'Aquin Paris 1713 ist eine sanfte und behagliche Einleitung zu jenem großen Unternehmen; und einem Protestanten würde ich immer raten, den Hauptkontroversen beider Kirchen, wenn nicht bei Bellarmin, doch in einer guten neueren katholischen Polemik, z.B. der vom Pater Pichler S. J. Vienna 1753 2 8° Bände vorher deutlicher ins Auge zu sehen, um nicht beim ersten Eintritt in eine alte, und den Protestanten dennoch so neue Welt, lichtscheu zu werden. Fühlen Euer Wohlgeboren Sich zu diesem Riesenwerke aufgelegt, so ist dann der Übergang von der Secunda Secundae der großen Summe, welche die Moral enthält, zu der neuesten und vortrefflichsten Darstellung eben dieser Lehre: der Theologia moralis vom seligen Alfons Liguori, so vollständig geebnet, daß Sie über letzterem Werke mit aller Zuversicht und Leichtigkeit und bloß unter Zuziehung der gewöhnlichen älteren und besseren Quellen des kanonischen Rechtes ihr Gebäude des Kirchenrechtes aufführen können. (...)

37.

Vom nur „idealistischen Glauben“ zum christlich-gesellschaftlichen Handeln

Die Elemente der Staatskunst. Bd. 3, Berlin 1809. Einunddreißigste Vorlesung: Von dem lebendigen Gleichgewichte zwischen dem National-Gelde und dem Weltgelde, und vom Geldmangel, S. 166–169.

(...) Ein bloß idealistischer Glaube an Gott oder die bloße, reine, absolute Geistlichkeit reicht für die Ausgleichung des Interesses unseres zwischen Himmel und Erde lebenden Geschlechtes nicht hin: Wir wollen des irdischen Besitzes auf gleiche Weise versichert sein wie des himmlischen; dieses Irdische soll auf gleiche Weise national und universal garantiert werden. Dieser wichtige Umstand, diese richtige Forderung des vollständigen Menschen wurde in den herrlichen Verfassungen des Mittelalters nicht beachtet; jenes edelmütige Geschlecht schwärmte vielleicht allzusehr in Ideen, in religiöser Begeisterung, in Abgezogenheit und Entsagung der Seele, wie aus dem mönchischen Charakter seiner Institutionen hervorgeht; es versäumte das Irdische, welches nun, wie ich schon oftmals erwähnt habe, in diesen drei letzten Jahrhunderten reagiert und sich für die Versäumnis bitter gerächt hat. – (...)

Es kann der Aufmerksamkeit meiner Zuhörer nicht entgangen sein, daß demzufolge sowohl der Zustand des Mittelalters, in welchem das irdische Interesse versäumt wurde, nicht dauern konnte (wie er denn auch wirklich nicht gedauert hat) als auch der Zustand der drei letzten Jahrhunderte (bei welchem das geistige Interesse versäumt wurde und den, dessen ungeachtet, alle unsere Staatstheorien für einen ewigen Normalzustand ausgaben) nicht dauern kann. Hier und dort erscheint nur eine von den Seiten des Staates, deren jeder die Natur eine abgesonderte Ausbildung vergönnt hat, damit das Ganze der geistigen und physischen, gleich wesentlichen Bedürfnisse der Menschheit ans Licht komme, damit eine vollständige und durch ihre Vollständigkeit garantierte Theorie des unüberwindlichen, über Handelsrevolutionen wie über geistige Revolutionen erhabenen, auf allen Wechsel der Launen des Schicksals im voraus gefaßten Staates möglich werde – eine Theorie, die ich in diesen Vorlesungen aufzustellen mich bestrebt habe. Wer das Problem der Staatskunst einmal gehörig erwogen hat und nicht etwa bei dürren Einzelheiten des menschlichen oder bürgerlichen Gemeinwesens stehen geblieben ist, wird in dieser Darstellung seine Rechnung wohl finden. (...)

38.

Der „politische Charakter“ von Christus

Die Elemente der Staatskunst. Bd. 3, Berlin 1809. Vierunddreißigste Vorlesung: Daß Christus nicht bloß für die Menschen, sondern auch für die Staaten gestorben sei, S. 258, 268–270.

(. . .) Das ist nun der schöne Schmerz so vieler würdiger Zeitgenossen unter uns, von denen ich neulich sprach, daß eine dunkle Sage von vollständiger Genugtuung durch den lebendigen Glauben an ein menschliches Ganzes von der Kindheit her in ihren Ohren liegt, daß es aber übertäubt ist von den Tönen der einstürzenden Welt. Der *Privatcharakter* Christi, wenn ich mich so ausdrücken darf, ist von ihnen verstanden worden, doch nicht der *politische:* Sie verkennen die heiligen Institutionen des Mittelalters, welche auf unsere Zeit herabgekommen sind; sie übersehen das Wesen dieser ihnen teuren Gesetze; sie versäumen die Spuren dessen, der jenen herrlichen Bau begründete, folglich auch das eigentlich Dauerhafte und Ewige darin; sie begreifen die Staaten wie die weisen Alten die ihrigen, als schöne Vergänglichkeiten, als Körper, die, wie alles Irdische, zu Blüte, Frucht und Entblätterung bestimmt sind. – Und so entsteht denn die Zwietracht zwischen persönlich-christlicher und politisch-heidnischer Religion, deren Wirkungen ich neulich in Burkes und Pitts Beispielen dargestellt habe. (. . .)

Wohlan! So bleibt nichts mehr, so drängt alles zurück in die lange versäumte Mitte, in den Mittelpunkt der Familie, des Staates, der Menschheit, der Weltgeschichte, demnach zu Christus. Das Streben hinaus, zu den Extremen, an die Grenzen, auf die Gipfel hin hat uns alle so unaussprechlich elend gemacht; hat die Familien aufgelöst, die Staaten zersplittert oder in große Zucht- und Arbeitsanstalten verwandelt, die Menschheit in sich selbst gespalten und aus der heiligen Weltgeschichte jene Anekdotensammlung von vermeintlichen großen Männern und Virtuosen oder jene Produkten-, Industrie- und Erfindungs-Annalen gemacht, woraus nichts mit Klarheit hervorgeht als der notwendige Untergang aller irdischen Größe, die wir erschwingen mögen, und der notwendige Bankrott der kleinen Krämerwirtschaft, die uns auf dem großen Handelsplatze vielleicht noch für eine Weile vergönnt ist.

Wer aber jene große vermittelnde Idee, welche die heiligen Bücher darstellen und deren Sinn in Schrift und Bild so tausendfältig übersetzt ist (wie denn die Schutzheiligen und Patrone der römischen Kirche auch nichts sind als Übersetzungen Christi in die besondere Nationalität und Sitte der einzelnen Völkerschaften), erkannt hat, dem ordnet sich unmittelbar das Privatleben, das National- und Völkerleben und die

Weltgeschichte: Der Schlüssel zu dem unsteten, zweideutigen Rätsel alles menschlichen Treibens und Tuns ist gegeben; die unwürdigen Spielereien aus der Moral, der Politik und der Historie fallen ab, und es bleibt nichts übrig als das Unvergängliche, ewiger Forschung Würdige und auch zu ewiger Forschung Anreizende und Belohnende. – *Das* nun ist das große Gebrechen der Zeit, daß die politischen Beziehungen der christlichen Religion vergessen sind und daß die Zeitgenossen allzusehr jenen Gehör geben, die uns, solange es ihr Vorteil mit sich bringt, gern überzeugen möchten, daß die Religion mit den sogenannten weltlichen Dingen nichts zu schaffen habe. (...)

39.

Kritik einer kirchlichen Zurückhaltung im historischen Prozeß der Individualisierung des Eigentums

Versuche einer neuen Theorie des Geldes mit besonderer Rücksicht auf Großbritannien. Leipzig und Altenburg 1816. Einleitung, Zehntes Kapitel: Von den Gesetzen, als einzigem und höchstem Resultat aller Ökonomie, S. 118–121.

(...) Die erste ausgebildete Vorstellung von dem Wesen des Gesetzes erhalten wir meistenteils von Lehrern des römischen Rechts und ohne gründliche Historie seiner Entwicklung, ohne Bezeichnung der Stelle, welche Rom unter den Staaten, die sich einer umfassenden Gesetzgebung erfreut, eingenommen haben möchte. Da nun, abgerissen von der Geschichte der allmählichen Entwicklung des Weltreiches, die römische Gesetzgebung außer allen Zusammenhang mit den göttlichen Gesetzen zu stehen und ein Werk der gemeinen rechnenden Vernunft zu sein scheint, so wohnt sich sehr leicht der Irrtum bei uns ein, die Gesetzgebung sei ein Werk des weltlichen Kalküls, eine Aufgabe für den scharfsinnigen Kopf, die im Grunde und ihren wesentlichen Stücken ein für allemal gelöst worden sei.

Dieser große Irrtum und mit ihm die Popularität der römischen Gesetzgebung hat in den Weltumständen der drei letzten Jahrhunderte eine große Begünstigung gefunden. Die plötzliche und ungeheure Erweiterung des Gesichtskreises der europäischen Völker im Anfange des sechzehnten Jahrhunderts, nachdem diese Völker bisher in den stilleren Schranken des väterlichen Hauses verweilt, veranlaßte die Ketzerein jener Zeit, den Abfall des Nordens von der Idee des Glaubens, welche bisher die göttlichen und menschlichen Gesetze der europäischen Völker durcheinander verbürgt hatte, und den einstweiligen Versuch, ob vielleicht der Begriff dieses Glaubens eine ähnliche Vereinigung bewirken könnte. Die

Kirche hatte gegen die Einflüsse des alten Roms nicht die gehörige Quarantäne verordnet, sie hatte sich, wenn man ihr einen Vorwurf machen kann, nicht der weltlichen Dinge gehörig bemeistert, sie war uneingedenk gewesen der Vorschrift des Apostels: omnia instaurare in Jesum Christum quae in coelis et quae in terra sund; dem Mammon, der nicht nur in den Reichtümern dieser Erde, sondern in dem Streben nach ausschließendem Besitz, nach absolutem Eigentum seinen Sitz hat, ist allzuviel Raum gelassen worden; die römischen Doktoren in Bologna sind nicht verketzert, der lebendige Zusammenhang der feodalen Verfassungen des Mittelalters mit der Kirche ist nicht gründlich genug anerkannt worden: Kurz, wiewohl die innere Kirche vollständig rein und untrüglich geblieben, so ist doch im äußeren Regiment derselben etwas Wesentliches versäumt worden.

Die vielgepriesenen Erfindungen des fünfzehnten Jahrhunderts haben das ihrige mitgewirkt und es wohl verdient, daß der Geist der letztverflossenen Zeit mit ihnen seine ganze Zeitrechnung angefangen. Die *Chimäre des Privatlebens* ist aufgekommen; die um alles Indien und um das ganze heidnische Altertum erweiterte Welt schien groß genug, um jedem einzelnen ein genügendes Privateigentum ausschließend anzuweisen, der Buchdruck einerseits, der Überfluß an Geldzeichen andererseits kamen wie gerufen, um die große Repartition zu bewerkstelligen und um alle diese Bezirke des Privatlebens polizeilich zusammenzuspannen und mechanisch anzuordnen, war das Pulver bereits erfunden und die römische Rechtsform im voraus verbreitet worden.

An den großen frommen Fürsten und Menschen der drei letzten Jahrhunderte nehmen wir es wahr, wie sie verdammt waren, zweien Herren zu dienen, Gott und den alten Glaubensinstitutionen einerseits und dem Mammon des Privatlebens andererseits: Darin und in nichts Geringerem lag ihre Gebrechlichkeit.

Niemand also ist als Kind seines Jahrhunderts rein von den römischen Rechtsbegriffen; und sie, selbst in Zahlen lebend, sind die eigentlichen natürlichen Alliierten jener Staatswirtschaft der Zahlen und Summen, der Massen, der Handgreiflichkeiten, gegen die ich die staatswirtschaftliche Weisheit der früheren Vorfahren habe vindizieren müssen. Sich über den Einfluß dieser Begriffe und ihres Zentralbegriffs vom absoluten Privateigentum zu erheben, war die Hauptforderung, die ich durch den ganzen bisherigen Lauf meiner Darstellung an meinen Leser machte.

Um so vielmehr muß man sich ihrer und aller Vorstellungen des Gesetzes, die daran hängen, entschlagen, wenn man die alle meine bisherigen Sätze verbindende und umfassende Behauptung verstehen will, daß nämlich die Gesetzgebung eines christlichen Staates der einzig wesentliche Reichtum dieses Staates, und daß die Gesetze dieses Staates mit den bleibenden Richtungen der ökonomischen Tätigkeit, welche die verblendeten Theorien über die handgreiflichen Produkte dieser Tätigkeit vergessen haben, eins und dasselbe sind. (...)

40.

Christlich orientierte Handlungsethik gegen die „fatalistische" Theorie der gesellschaftlichen Selbstregulierung im Liberalismus

Versuche einer neuen Theorie des Geldes mit besonderer Rücksicht auf Großbritannien. Leipzig und Altenburg 1816. Grundlegungen einer neuen Theorie des Geldes, Viertes Kapitel: Unterschied der Wechselsklaverei und der freien Wechselwirkung zwischen den ökonomischen Kräften, S. 167–172.

Wenn man die Vorstellungen unserer Zeitgenossen von dem Verkehr, dem Tausche, dem Handel, dem Markte bedenkt, so ergibt sich, daß wohl empfunden wird, wie in letzter Instanz die Nachfrage oder das menschliche Bedürfnis, also etwas höchst Persönliches alle diese Umsätze und Übertragungen der Sachen regiere: Indes, da man nur auf das körperliche Bedürfnis des Menschen, auf das Bedürfnis des Menschen nach Sachen, nach Handgreiflichkeiten, nach Augenblicklichkeiten Rücksicht nimmt, da man die ökonomische Ordnung der Dinge erreicht zu haben glaubt, wenn man diesen Augenblicklichkeiten gestattet, sich frei untereinander ins Gleichgewicht zu setzen, da man durchaus keine Anstalt trifft, die höheren moralischen und ewigen Bedürfnisse der Menschen, welche in der Sorge für den Augenblick so leicht versäumt werden, und ohne die demnach eine dauerhafte Befriedigung des Augenblicks unmöglich ist, mit auf den Markt zu bringen – so ist klar, daß man eigentlich den handgreiflichen Sachen die Regierung der Welt übergibt und an eine in den Sachen verborgene, dunkle, anordnende Gewalt viel mehr als an die Persönlichkeit des Menschen und an seine Oberherrschaft über die Dinge glaubt. (...)

Aber von allen diesen Verirrungen eines tief gesunkenen Geschlechts abgesehen: Es ist wirklich ein Geist, ein gewaltiger Geist in den Sachen, den sie in der bürgerlichen Gesellschaft und durch dieselbe erlangen. Dadurch, daß die ganze bürgerliche Gesellschaft eine solche Sache begehrt, wird sie erst für den einzelnen so wichtig und so fruchtbar, und so ist denn der Irrtum begreiflich, daß, lange nachdem die letzten Gefühle für das Gemeinwesen in dem einzelnen erstorben sind, er noch ein Gespenst desselben in den Sachen ehren, fürchten und schonen muß.

So offenbart sich denn auch das große, oft erwähnte Gleichgewicht der moralischen Irrtümer: *einerseits* werden die Sachen zu Götzen, zu Tyrannen des Menschen erhoben; die Neigung des Pöbels und die fatalistischen

Theorien der Staatswirtschaft wenden sich zur Abgötterei der Sachen und zu sklavischer Unterwürfigkeit unter ihr vorgebliches Gesetz: man lasse, heißt es, den Menschen nur frei von allen persönlichen Schranken, man lasse die Sachen nur gewähren, nur walten über ihn, man lasse die Ballen der Waren nur sich untereinander ins Gleichgewicht setzen und den Mechanismus der Gewerbe in sich selbst forttreiben, so wird der Mensch schon folgen müssen; *andererseits* werden dieselben Sachen wieder absolut privateigentümlich der willkürlichen Disposition des einzelnen überlassen, er erhält das Recht der Veräußerung allen Besitzes, ein Recht über Leben und Tod derselben Sachen, die ihn beherrschen sollen; kurz, der Sklave wird wieder Tyrann seines Tyrannen und der Tyrann Sklave seines Sklaven.

Es war eben die Haupt- und Grundtorheit in der vielgepriesenen Weisheit der heidnischen Alten, daß ihnen das Leben als ein Tummelplatz der *Willkür* erschien, daß sie die Güter der Erde nicht anders zu denken wußten als in blinder Unterworfenheit unter eine gewisse bald verfeinerte, bald heroische Laune, und daß ihre gesamte Haushaltung nichts Höheres verlangte, als kecke Unterwerfung und klügelnde listige Bewirtschaftung des ausschließenden Eigentums. Sie wähnten, die Welt zu unterjochen und wollten nicht einsehen, daß sie eben dadurch selbst Sklaven wurden und daß sie die Willkür, die sie ausübten, zugleich auf den Thron setzten über sich. Was war dieses Rätsel des *Fatums*, das mit schrecklichem Mutwillen und über allen ihren Göttern waltete, was waren die vergötterten Gespenster der irdischen Sachen und Naturkräfte, was waren selbst in späteren unheiligeren Zeiten diese bewaffneten Sklavenrotten, welche die Selbstherrscher umgaben und nach Belieben über ihre Krone schalteten – anderes, als dieselbe Willkür, die niemand über die Dinge ausüben kann, ohne daß die Dinge sie wieder über ihn ausübten. –

Freiheit nannten sie dieses Wesen: ein Euphemismus des ganzen heidnischen Altertums; und wo sie noch sonst unheimliche Dinge mit freundlichen Worten und schmeichelnden Bildern verkleideten, waren es immer einzelne Züge derselben schrecklichen Larve: Sprache, Philosophie, Kunst mußten alle ihre Zauber aufwenden, damit sie nur ertragen werden konnte.

So waren die Heiden! Im Laufe der letztverflossenen Jahrhunderte ist diese törichte Gesinnung zurückgekehrt: Die Dinge sollen wieder privateigentümlich dem Menschen unterworfen werden, und so ist das alte Fatum auch unmittelbar wieder zugegen, und der Mensch zu einem Spielzeuge in den Händen desselben herabgesunken: Ohne Euphemismus! Der Weltmarkt und der Weltkrieg sind unser Fatum; Gold, Kolonialwaren und dergleichen sind unsere Götter; und so sind es selbst Sklaven ihrer Sklaven, welche die Welt beherrschen.

Wahrscheinlich wird man noch lange fortfahren, die Quelle unseres

Elends ganz woanders zu suchen als wo sie liegt: ein edler Schriftsteller hat die Verrückung der gegenwärtigen Generation: Gottesscheu genannt; und wo dem Göttlichen ausgewichen wird, wie möchte man da das Natürliche finden. Nur in dem göttlichen Verhältnisse des Menschen zu den Dingen liegt die Freiheit, liegt der Reichtum, liegt alles Eigentum und alle Befriedigung unseres Daseins. Solange wir die Dinge an sich zu besitzen streben, solange wir nicht erkennen, daß es nur die gesellschaftliche Macht in den Dingen ist, die uns reizt, und daß die unbedeutendste Sache erst durch den Staat geheiligt und personifiziert wird, daß also aller dieser äußerliche handgreifliche Verkehr mit den Dingen nur um eines unsichtbaren höheren Wesens willen stattfindet und nur von einem solchen getragen werden kann – solange sind alle staatswirtschaftlichen, *alle politischen Probleme unbedingt unauflöslich:* Denn die reinsten Vorstellungen vom Staate deuten, wie schon erwiesen, alle weiter und höher, auf ein Allermittelstes; auch dieser Planet braucht eine Sonne, die ihn trägt, dieselbe Sonne, welche die geringste Haushaltung wärmt und bescheint wie auch überhaupt in die Verwicklung der menschlichen Angelegenheiten erst die Klarheit der echten Wissenschaft bringt. (...)

V. RELIGION UND CHRISTENTUM ALS „LEBENSPRINZIP" DER GESELLSCHAFT

Von den Grundlagen seiner organischen Weltansicht und Gesellschaftslehre her entwickelt Adam Müller eine der frühesten in das Moderne gewendeten und zugleich zukunftsträchtigen Konzeptionen für eine neue Verhältnisbestimmung von Glaube und Gesellschaft.

Hierbei ist sein Blick auf die Folgen der Aufklärung gerichtet, auf die Bestrebungen obrigkeitlicher Instrumentalisierung und Autonomiebeengungen der Kirche als bloßer moralischer Anstalt im Absolutismus, auf die Tendenzen einer Privatisierung der Religion, auf die umstürzenden Konsequenzen der die Kirche auch ihrer bisherigen öffentlichen Repräsentation beraubenden Säkularisation von 1803 und auf den geistig-kulturellen Säkularisierungsprozeß allgemein.

Mit allem ist nichts anderes gemeint als Müllers mit dem Postulat einer christlichen Erneuerung verbundene, zugleich gemeinchristlich intendierte und schon in der beschriebenen Hausväterliteratur grundgelegte organologische Maxime vom Christentum, von der „christlichen Religion" als „Lebensprinzip" (V, 41), „Lebensgeist" (IV, 29), entelechiale religiöse Seele des Gesellschaftskörpers.

In dieser Maxime legt Müller einen modernen Akzent auf den der Welt und der Gesellschaft zugewandten „tätigen Glauben" (I, 7) jedes einzelnen Christen als Bürger und Träger der religiös-sittlichen Entelechie. Vieles davon steht in einem Zusammenhang mit Intentionen, die Novalis bereits 1799 in „Die Christenheit oder Europa" fixiert hat.

Andere Bestrebungen der Restaurationsepoche, wie sie sich etwa in Frankreich bei de Maistre manifestieren, setzen einseitig auf ein traditionales Kirchenverständnis im Sinne einer Akzentuierung von Autorität, Hierarchie und Amtskirche in Verbindung mit dem Rechtscharakter der Kirche und ihrer Einflußnahme *auf* den Staat und die Regierung.

Adam Müller dagegen stellt, neben einer Wiederherstellung des öffentlichen Status der Kirche durch korporative Reintegration, wie die Romantik und andere Bestrebungen in der deutschen Kirche die Aufgabe einer Erneuerung von unten durch Respiritualisierung und Volksnähe (so etwa Sailer und der mit Müller befreundete Hofbauer) und, z.B. über Adam Möhlers mehr innerkirchlich intendierte organische Ekklesiologie hinausgehend, das moderne Postulat einer aktiven christlichen Welt- und

Gesellschaftsverantwortung durch die Christen als Bürger zur Einflußnahme *in* Staat und Gesellschaft heraus.

Man hat hierin, wie besonders in analogen Richtungnahmen bei Görres, die ersten Konsolidierungsprozesse einer Entwicklung zum nach 1800 auftretenden religiös-gesellschaftlichen Phänomen dessen zu sehen, was als „Katholizismus" bezeichnet wird. Dieser formiert sich bis zur Jahrhundertmitte, d.h. bis zur Bildung von Parteien mit parlamentarischer Wirksamkeit und zum Auftreten von katholischen Verbänden, zunächst als literarischer und politisch-publizistischer Katholizismus.

Gleichzeitig wirken katholische Erneuerungskreise, wie der Münstersche (Fürstenberg, die Fürstin Gallitzin, Overberg, Stolberg), der Münchener (Baader, der frühe Döllinger, Görres, Jarcke, Phillips), der Wiener (Hofbauer, Müller, Fr. Schlegel) und der Mainzer (Liebermann, Räß) sowie mit diesen Gruppen verbundene Zeitschriften, darunter „Der Katholik" (Mainz, ab 1821) und später die „Historisch-politischen Blätter" (ab 1838).

Müller liefert solchen Bestrebungen mit der organologischen Maxime vom „Christentum" als „Lebensprinzip" der Gesellschaft faktisch eine übergreifende ideelle Basis. Zugleich transzendiert er den Horizont einer innerkatholischen Erneuerung durch den irenischen, gemeinchristlichen Gehalt seiner Maxime, verbunden mit dem Erneuerungsruf an beide Konfessionen, der Fragen der Ekklesiologie und der Suche nach Gemeinschaft ebenso umfaßt wie gesellschaftlich-politische Intentionen solidarischen christlichen Handelns für das Gemeinwohl.

In letzterem Sinne ist Müllers Maxime vom „Christentum" als „Lebensprinzip" der Gesellschaft durch ihre wörtliche Rezeption bei Stahl und Ketteler, den später führenden Persönlichkeiten der christlichen Konservativen in den beiden Konfessionen, als gemeinchristlich-irenische Konzeption vom paritätischen „christlichen Staat", wie ihn Müller anstrebt (IV, 28; IV, 39), d.h. als gesellschaftlich-politische Zentralidee eines konfessionsübergreifenden christlichen Konservatismus fortgeführt worden (hierzu Albrecht Langner, Grundlagen des sozialethischen Denkens bei Wilhelm Emmanuel von Ketteler; in: ders. [Hrsg.], Theologie und Sozialethik im Spannungsfeld der Gesellschaft, München, Paderborn, Wien 1974, S. 75ff.).

Darüber hinaus betrachtet Müller die organische Gesellschaftslehre als gemeinchristliche sozialethische Basis dieses konfessionsübergreifenden Konservatismus und seiner neuen Aufgabe einer aktiven, in das Moderne gerichteten christlichen und sozialethischen Weltverantwortung.

Insgesamt basiert Müllers, entscheidend an das Engagement der christlichen Bürger gebundene, religiös-gesellschaftliche Ideenwelt verfassungspolitisch auf der Maxime: Ohne eine, die Chancen einer Artikulation und Handlungsfähigkeit erst eröffnende, Reform der politischen Institutionen bleiben das Ziel einer christlich-konservativ orientierten gesellschaftlich-politischen Gemeinschaftsfront und ihre Effizienz unerreichbar.

Danach ist auch das konfessionsübergreifende organologische Konzept vom Christentum als „Lebensprinzip", als Seele der Gesellschaft politisch untrennbar von einer organisch das Ganze der Gesellschaft in den politischen Prozeß integrierenden antiabsolutistischen Reform im Sinne einer zu schaffenden ständischen Verfassung und Nationalrepräsentation mit den zwei „ständischen Parteien" (III, 26) von Grundadel und Bürgertum, mit „wahrer Standes-Opposition" (Die Elemente der Staatskunst, Neunte Vorlesung), mit „Pressefreiheit und öffentlicher Meinung" (III, 27) als entscheidender Instrumente der sich von unten vollziehenden Repräsentation und Einflußnahme auch der religiös-gesellschaftlichen Positionen der Bürger gegenüber der Regierung.

Mit allem werden zugleich die Konturen eines ersten „politischen Katholizismus" sichtbar, wie er sich zunächst ideell unter den damaligen Bedingungen bildet und nach 1850 durch Ketteler und die Zentrumspartei in parlamentarisch und verfassungsstaatlich transformierten Formen eine praktisch-politische Entwicklung erfährt.

Müllers gemeinchristliches Konzept von der „christlichen Religion" als „Lebensprinzip" der Gesellschaft ist bereits durch seine gezielt interkonfessionelle Intention keineswegs exzessiv ganzheitlich im Sinne „universalistischer" bzw. „integralistischer" Vorstellungen, auch nicht im Sinne mittelalterlicher Ordnungsweisen zu verstehen.

So will er als „der erste" verstanden werden, „der gegen die flachen Götzendiener des Mittelalters und der absoluten Hierarchie den Stein aufhebt", als einer, der bereit ist, „morgen dem geistlichen Prinzip, wenn es *allein* herrschen wollte, den Krieg anzukündigen" (V, 45). Müller tritt, wie gezeigt, nicht für den katholischen, vielmehr, wie später Ketteler in seinen gegen obrigkeitliche kulturkämpferische Tendenzen gerichteten sowie rechts- und verfassungsstaatlich vertieften Publikationen, für den paritätischen „christlichen Staat" (IV, 28; IV, 39) und eine entsprechende Sicherung und Praxis der „Religionsfreiheit" ein (V, 44).

Im Ganzen geht es um eine Verhältnisbestimmung, in der „Kirche und Staat, die göttlichen und die menschlichen Angelegenheiten" auf der Basis der Koordination, nicht der Subordination verbunden werden, „ohne sie zu verwischen, ohne den Unterschied zwischen beiden aufzuheben" (IV, 28). Daher darf es auch keine „weltliche Politik zugunsten des Reiches Gottes" geben (IV, 28).

Die nach Müller immer rascher zunehmende gesellschaftlich-politische Polarisierung der Konfessionen, die spätere Isolierung und Gettoisierung des Katholizismus in einer schließlich preußisch-protestantisch dominierten nationalen Kultur, die Kulmination dieser Entwicklungen im kaiserlichen Deutschland und ihre Auswirkungen in den Jahren der Weimarer

Republik manifestieren, wie weitsichtig das später von Ketteler und der Zentrumspartei ebenfalls verfolgte Bestreben eines interkonfessionellen gesellschaftlichen und politischen Zusammengehens intendiert ist.

41.

Religion und Christentum als „Lebensprinzip" des gesellschaftlich-organischen Ganzen

Die Elemente der Staatskunst. Bd. 1, Berlin 1809. Zehnte Vorlesung: Vom Völkerrechte, oder von der Christenheit, S. 293f., 296–298.

Eine lebendige organische Gesellschaft, ein „lebendiger Staat oder ein organischer" sind dann gegeben, wenn als das „eigentliche Lebensprinzip", als „Ideenform" oder Seele im Sinne des entelechialen, religiös-sittlichen Form- und Bewegungsprinzips über die Bürger im Gesellschaftskörper die „christliche Religion" wirkt (V, 41). Sie bleibt im Sinne der konfessionsübergreifenden Intention Müllers der „sicherste gemeinschaftliche Boden" (V, 41) des bürgerlichen Gemeinwesens.
Auf dem organologischen Ansatz basiert auch Gustav Gundlachs enger gezogene Maxime von der „Kirche als Lebensprinzip der menschlichen Gesellschaft", wie sie über Gundlach in die Verlautbarungen Pius XII. gelangt ist. – Hierzu Johannes Schwarte, Gustav Gundlach S. J. (1892–1963). Maßgeblicher Repräsentant der katholischen Soziallehre während der Pontifikate Pius' XI. und Pius' XII. München, Paderborn, Wien 1975, S. 199ff.

(. . .) Ein lebendiger Staat oder ein organischer ist der, welcher nach Totalität strebt, nicht nach Vergrößerung der Summe. In einem Staate, der nach bloßer Vergrößerung strebt, ist das eigentliche Lebensprinzip noch nicht gekommen oder schon ausgestorben: er kann, sage ich, seine Masse vergrößern; aber die Masse weicht unfehlbar nun auch der größeren Masse, die im Laufe der Zeiten nicht ausbleibt. Die europäischen fünf Reiche mit ihren Akzessorien waren von Natur, wie ich oben zeigte, zu jener Totalität, d. h. zu organischen Staaten gebildet und erzogen worden. Jeder sollte ein vollständiges, reich gegliedertes, aus unendlichen lebendigen Parteien zusammengewirktes Ganze darstellen, als wachsendes Ganze gelten und nicht als Aggregat von einzelnen Massen.

In dem Umgange dieser fünf Reiche und ihrer Akzessorien entwickelte sich ein mächtiges, heiliges, unsichtbares Wesen. Die christliche Religion war es, der allein jener Thron über den Völkern gebührte: Sie gab dem großen Gemeinwesen von Europa die Gestalt und sichtbaren, allen Herzen tief verständlichen Charakter; sie gab den Verträgen eine heilige Bedeutung und dem Recht eine sichtbare und doch zugleich unendliche Ideenform. Die Einheit der fünf Reiche als Christenheit ging durch die religiöse Spaltung in der Reformation verloren. An ihre Stelle trat eine Rechtsidee, deren Leben stand hielt, solange noch die Herzen der Völker im Glauben eins blieben und nur über die irdische Form dieses Glaubens gespalten waren. Aber allmählich entwich auch dieses Band des Glaubens und die Idee des Rechtes, die selbst noch im Westfälischen Frieden deutlich wahrzunehmen ist, erstarrte zum Begriff des auf den Buchstaben der Traktaten gegründeten Völkerrechtes. In dem Maße, wie die Völker nicht mehr an ihre eigene Freiheit glaubten, ging ihnen auch das Gefühl des Rechtes verloren. Nun war der Welt nichts weiter verblieben von allen wahren Heiligtümern der Menschheit als der Gedanke des augenblicklichen Nutzens; ein arithmetischer Kalkül war der Ersatz für alle energische, lebensreiche Weisheit der Vorfahren. Was vermochte der Buchstabe der Traktaten, da die auslegende Empfindung, das große lebendige Gemeininteresse der Völker und der alles umfassende, alles bindende Glaube fehlte! (...)

Je lebendiger und allseitiger die Freiheit der einzelnen ist, um so gewaltiger, inniger und sichtbarer ist ihr gemeinschaftliches Interesse oder das Recht oder das Gesetz: Das ist die große, um des Lebens willen allgegenwärtige und auch durch kein Wort verleugnete Idee meiner Rechtslehre. Wer sie verstanden hat, der hat den Grundgedanken aller Staatswissenschaft und, da menschliche und bürgerliche Existenz ein und dasselbe sind, auch den Grundgedanken des ganzen Lebens verstanden. Das einseitige Streben nach Vergrößerung oder Universalmonarchie ist ein Streben nach einem Monopol, nach dem Ausschließen der Übrigen von der Freiheit, also nicht ein Streben der Freiheit, welche, wie ich gezeigt habe, das Streben des Nachbars nach Freiheit anerkennen muß. In dem wahren stolzen Streben nach Freiheit und Unabhängigkeit liegt zugleich, wie ich gleichfalls gezeigt, Demut und Hingebung gegen die Freiheit der Übrigen, Strenge und Milde: So ist alle Gemeinschaft vor der Idee des Rechts zugleich eine religiöse Gemeinschaft; sie verlangt Aufopferung, Weggeben des Sichtbaren für das Unsichtbare. Was kann also den großen Umgang der kolossalen Menschen, die ich oben als Glieder oder Teilnehmer der erhabenen Gemeinschaft der fünf Reiche dargestellt habe, besser regulieren als der Glaube, das unsichtbare und doch so mächtige Gesetz der Religion, unter deren Schutz und in deren immerwährendem, innigem, tätigem Anschauen die fünf Reiche groß geworden sind! Hier sind Freiheit, Gesetz, Ehrfurcht vor den Abwesenden; alle Elemente der wahren Weltherrschaft sind hier beisammen. Vor ihr schließen sich die freie Behauptung der eigenen Nationalität und die innigste Gemeinschaft unter den Staaten nicht gegenseitig aus. Ein Glaube, der, trotz aller Nationalität, dennoch in den innersten geheimsten Nerven jedes Staates Raum findet und sich mit den verschiedenartigsten Formen des bürgerlichen Lebens verträgt – der ist von selbst schon das höchste gemeinschaftliche Gut, das innigste Bindungsmittel, der sicherste gemeinschaftliche Boden und der untrüglichste, lebendigste Gesetzgeber für alle. (...)

42.

Gemeinsamkeit im „Christentum", nicht notwendig in der Konfession als Basis eines öffentlich gesicherten „politischen Mittlertums" Christi

Die Elemente der Staatskunst. Bd. 3, Berlin 1809. Sechsunddreißigste Vorlesung: Von der Freiheit und vom Gehorsam in demselben Christentume, S. 308–318, 322f.

Müller besteht darauf, daß Protestantismus und Katholizismus nur gemeinsam das christliche Element sozialethisch und gesellschaftlich-politisch auf die Dauer wirksam präsent machen können. Er spricht daher vom „Christentum" (V, 42), von der „christlichen Idee" (V, 42) als konfessionsübergreifender Basis und Seele der Gemeinsamkeit angesichts von ihm befürchteter Entwicklungen zu einer säkularisierten Welt und Gesellschaft.

„Lieber möge die Spaltung des Glaubens bleiben" im Sinne getrennter Kirchen, als daß eine zu „frühzeitige, leichtsinnige Vereinigung" angestrebt wird (V, 42). Das Herz der gemeinchristlichen Idee auf gesellschaflich-politischer Ebene sieht Müller in der Christozentrik, im „Weltgedanken ‚Christus'" (V, 42), in der Inkarnation (V, 43), darin, daß „Christus" der König, der „Monarch", „wir die Bürger" sind (V, 42), die sein „politisches Mittlertum" (V, 42) in die Gesellschaft tragen.

Voraussetzung hierfür ist ein gesellschaftlich „tätiger Glaube", ohne den es „keine Sicherheit und Freiheit" geben könne (I, 7), die „Wiedergeburt Christi in unserem Selbst" (V, 43). Dieses neue „fortgehende Werk" der Erneuerung oder „Reformation" (IV, 28) durch Wahrnehmung christlicher Welt- und Gesellschaftsverantwortung stellt eine Aufgabe aller Christen als Bürger dar, nicht bloß der Anstaltskirche, des Klerus: Sie muß sowohl vom „Priesterstande" wie von den „christlichen Laien" ausgehen, in „wechselseitiger Anerkennung, Freiheit und Dienstbarkeit beider" (IV, 28). So hat „jeder einzelne Christ", Priester und Laie, „zum wahren zeitgemäßen Dolmetscher des Christentums" zu werden, „zum lebendigen Vermittler zwischen den Menschen und Christo" (V, 42).

(...) Das ist die Größe, Einzigkeit und Vollständigkeit der christlichen Idee, daß sie wächst wie die Menschheit, auf den reichsten wie auf den ärmsten Staat und Menschen vollständig paßt, und daß demnach alles, was nur menschlich ist, auf sie unbedingt Anwendung leidet, und was nur menschlich ist, eben darum auch durch und durch christlich wird. So muß sie also, wie sie sich unter allen Himmelsstrichen und Zeitumständen bewähren kann, auch wirklich bewährt werden; jeder Staat auf seine

Weise, jedes menschliche Herz auf die seinige muß sie ideenweise, die alte Lehre in dem neuen, eigentümlichen Stoff, wieder ausprägen. Kein Staat kann das für den anderen, kein Mensch für den anderen tun. Selbsttätig, aus eigenem Geiste und aus eigener Liebe muß er die Religion in seiner Sphäre wieder ausbilden. Dazu bedarf er der wahren Freiheit; und diese Freiheit bedarf wieder, damit sie nicht ausschweife, damit sie nicht einen Götzen ihrer selbst für Christus nehme, der unaufhörlichen Einwirkung der Gegenfreiheit: wie den vorangegangenen Generationen und den einzelnen Völkern der Erde Christus erschienen sei, wie er sich in den unendlichen Gestaltungen der Menschheit um sie her ausgedrückt habe, muß ihr beständig gegenwärtig und empfindbar sein. –

Sehen Sie da, wie unzertrennlich von dem Wesen der Religion beide, die protestantischen und die katholischen Bestrebungen der Menschheit sind. Der göttliche Glaube ist nichts ohne die Freiheit, welche ihn lebendig erhält. Dies ist eine und dieselbe Lehre, „daß ohne die Freiheit das Gesetz nichts sei und das Gesetz nichts ohne die Freiheit", welche durch den ganzen Lauf dieser Vorlesungen als die einzige wahre Lehre des Lebens, insbesondere des gesellschaftlichen, verfolgt worden. Keine weltliche Philosophie hat mir dabei ausgeholfen: Die ganze Ansicht ist aus dem Christentume, der einzigen vollständigen Lehre von den Ideen geschöpft; sie ist göttlich, wenn ich sie den armseligen Staatstheorien unserer Zeit gegenüber betrachte, und doch nur ein schwacher Abglanz jenes Lichtes, von dem jeder, der demselben vertrauen will, neues Leben erhalten kann.

Lobe und ehre man mir also nicht jenen Protestantismus und jene Freiheit, die sich mit der Religion in direkte Beziehung setzen wollen und den Ausdruck der Religion in den bestimmten gesellschaftlichen Formen des Mittelalters oder der Zeit, die zwischen uns und Christus liegt, verleugnen. Die Freiheit muß vor allen Dingen bewiesen werden in der liebevollen und streitenden Achtung für die Gegenfreiheit, also vorzüglich in der Achtung für die *Kirche*, die ja nichts anderes ist als der freieste, vollständigste Ausdruck der einfachen Religion, in einem reichen, ungeheuren Stoffe. Von der Kirche hat man sich losgesagt und wenn man mit dem Worte *„Kirche"* irgendeinen ernsthaften Begriff verbindet, so war das, was die Reformation an ihre Stelle setzte, nicht eine Kirche, sondern eine bloße Privatanstalt. Der zweite Schritt, die Kirche nun durchaus zu verwerfen, war bald getan: Eine unvermeidliche Folge des ersten. Der Weltausbau der Christentums, das Mittelalter, wurde verleugnet, also auch das, was ich „die Weltherrschaft Christi", sein „politisches Mittlertum" nannte. Es dauerte nicht lange, so war Christus nichts mehr als ein schlichter, rechtlicher Privatmann, ein guter Lehrer der Moral; und da der einzelne Protestant dessen ungeachtet in den alten politischen Beziehungen fortlebte und für sie gleichfalls einer Art Religion bedurfte, da auch die Natur, die äußere, in das seiner Herrlichkeit entkleidete Menschenreich immer willkürlicher wieder eingriff: so stellten sich allmählich Sonne, Mond und Sterne und alle Heroen und Götzen der alten blinden Heidenzeit wieder ein und verdrängten Christum. An die Stelle des Christentums trat eine in allen Farben spielende, wetterwendische Natur- und Vernunftreligion; an die Stelle edler, erhabener Freiheit gemeine Willkür mit Unruhe und Qualen aller Art in ihrem Gefolge. –

Das ist das besonders Eigentümliche der christlichen Religion, daß man nicht nach ihr und ihrer Erkenntnis streben kann, ohne zugleich die Gemeinschaft aller Zeitalter, Völker und Menschen in ihr aufs lebhafteste zu begehren. Eben weil Christus gezeigt hat, wie sich Gott in der Menschheit ins Unendliche offenbart, kann man sich der Offenbarung nicht hingeben, ohne sich mit allem, was man ist oder hat, an die Menschheit anzuschließen: Insofern man an Christum glaubt, muß man notwendig auch an die eine, ewige, unteilbare Gemeinschaft der Menschen in Christo oder an die Christenheit, an die Kirche, glauben. –

Die Befugnis, aus dieser Kirche herauszutreten, kann also nicht Glaubensfreiheit heißen; vielmehr zeigt sich diese Freiheit in dem lebhafteren, eigentümlicheren Eingreifen in dieselbe. – Also das Wesen des wahren und göttlichen Protestantismus besteht nicht in dem Festhalten der Religion und dem Heraustreten aus der Gemeinschaft der Kirche (welches ein Widerspruch ist), sondern in der Freiheit, das Christentum in dem besonderen Stoff unserer eigentümlichen Natur eigentümlich auszuprägen und mit diesem individuellen Ausdruck einzugreifen in das unendliche Wechselleben aller der besonderen Formen des Christentums um uns her, also mit Freiheit sich der Gesamtheit dieser Formen oder der Form aller Formen, der *Kirche*, zu unterwerfen. –

So dient die Freiheit, den Weltgedanken „Christus" lebendig und bei Wachstum zu erhalten; so wird jeder einzelne Christ zum wahren zeitgemäßen Dolmetscher des Christentums für seine Umgebungen, zum Ausleger desselben, zum lebendigen Vermittler zwischen den Menschen und Christo; so wandelt Christus selbst, sein Geist in hundert Sprachen, Verfassungen, Stoffen und Lebensweisen übersetzt, durch alle Geschlechter lebendig hindurch, verbindet die Zeit- und Raumgenossen, knüpft das Entlegenste an das Nächste und die geheimsten Gedanken des stillsten Herzens an die geräuschvollsten Erscheinungen des äußeren politischen Lebens. Jeder Christ glaubt an den großen Bund in der eigentümlichen Sprache seines Herzens und ist doch auch zugleich in fortgehender Verständigung, in einem hingebenden Gespräche mit allen anderen Gläubigen begriffen; alle Probleme der Politik, die ich Ihnen gezeigt habe, werden durch den einen Glauben auf das herrlichste gelöst. Der wahre Protestantismus ist also von dem wahren Katholizismus unzertrennt: Der abgesonderte Katholizismus ist versteinerter Glaube; der abgesonderte Protestantismus zersprengte, kraftlose Freiheit, also leere Willkür.

Wenn wir die gegenwärtige Lage der Welt betrachten, so finden wir noch mancherlei Formen des Christentums; aber eine ist getrennt von der anderen, und so werden denn die einzelnen Seiten der Religion, jede für sich, abgesondert repräsentiert. Da nun aber in dem einzelnen Menschen das alte, unendliche Verlangen zurückbleibt, welches durch ein einzelnes Stück des Christentums nicht erfüllt werden kann, wie sehr auch das ganze volle Christentum allen Bestrebungen des Menschen zu genügen imstande ist: so bleibt in allen Herzen ein unerfüllter Raum zurück; das Christentum wird der viel umhergetriebenen, nach mancherlei Gütern strebenden, schon hinreichend gepeinigten Seele zu einer neuen Pein, wenn sie es ernstlich damit meint. Die einzelnen Brocken des alten Glaubens tragen dazu bei, die Spaltung und die Hoffnungslosigkeit der Gemüter noch zu vermehren. – An diesen Gebrechen leidet die katholische Welt wie die protestantische; auch *sie* hat den großen Zusammenhang der Kirche mit dem Rechte und dem Staate verloren; auch *sie* muß zweien Herren dienen, die ewig keinen Bund miteinander schließen können; auch *sie* quält sich mit zweierlei Glauben im Herzen: einem christlichen von der geistlichen Bestimmung des Menschen und einem heidnischen von einem Schicksal, von einem über die Staaten waltenden und ihrer spottenden Titanengeschlecht. –

Ich verteidigte, wie schon erinnert worden ist, keine einzelne Form des Regiments der Kirche absolut und ausschließend, weder eine monarchische der Päpste, noch eine republikanische der Konzilien. Daß Christus in der Menschheit allenthalben gegenwärtig sei; daß er der Monarch und wir die Bürger in der lebhaftetsten Wechselwirkung zugleich mit *ihm* und zugleich mit*einander* leben: das ist die ewige Form des kirchlichen Regiments; sie ist monarchisch und republikanisch zugleich: es ist in ihr des Gesetzes und der Freiheit gleich viel; denn beide bedingen einander. Aber daß sich mit dem Regimente der christlichen Kirche, wie es auch gestaltet sei, heidnische Staaten, heidnische Rechtsbegriffe nicht vertragen; daß sich der christliche Glaube mit der völligen Verwilderung aller politischen Verhältnisse nicht vertragen dürfe und könne, ohne selbst zu verwildern, ohne von seiner weltherrschenden Bestimmung abzufallen, ohne zu einer leeren Privatangelegenheit herabzusinken: Das ist klar. –

Christus sagte: Kommt her alle, die ihr mühselig und beladen seid, ich will euch erquicken! – und es ist allerdings eine der herrlichsten Offenbarungen seiner Religion, daß sie das Arme, Kranke und Hilflose durch ihre Kraft auf den Gipfel und zu der Glorie des Lebens erheben kann. Aber, daß man daraus nur nicht den Schluß ziehe, sie sei eine Religion für die Armen und nicht für die Reichen, für die Schwachen und nicht für die Starken, für die Kranken und nicht für die Gesunden! Diesen Irrtum nähren noch jetzt die meisten ihrer laulichen Bekenner und ihrer hochmütigen Verächter. Der Grund davon ist, daß sie ausschließend häusliche und Privatangelegenheit geworden ist, daß sie sich an das Leben der Staaten anzuschließen verlernt und der Mensch sich in allen bürgerlichen Verhältnissen genötigt gesehen hat, sich selbst zu helfen, während die Religion nur in seinen persönlichen Kalamitäten ihm zu einer unzulänglichen Stütze oder Nachhilfe des Geistes diente. Anstatt den Glauben mit voller Lebenskraft zu vergelten, ich möchte sagen, anstatt ihn in der hier auf Erden geltenden Münze zu bezahlen, hat sie, da ihr der Einfluß auf diese Münze, d. h. auf die Staaten genommen war, meistenteils in Assignationen, die sie auf das künftige Leben nach dem Tode zog, bezahlen müssen. Diese Verschreibungen hat kein Landesherr auf Erden, also auch kein Bürger honoriert; es mußte also dem einzelnen überlassen werden, sie auf sein eigenes Risiko anzunehmen. – Sie haben einigen Kredit, solange der damit Abgefundendene in Krankheit und Armut verharrt und ihm das lebendige Eingreifen in das bürgerliche Leben von selbst versagt ist; er bleibt also ein Christ, solange er nichts anderes sein kann. Aber in dem Maße, wie die Kräfte zunehmen und die Umstände sich verbessern, wächst und prosperiert auch das Heidentum wieder in ihm, verliert sich der Kredit der Assignationen auf Jenseits und der daran auf das unnatürlichste gebundene Kredit des Christentums. Sobald er in das neue Leben tritt, umfangen ihn von allen Seiten heidnische Verhältnisse, denen er nachgeben muß, wenn er bestehen will. – So ist die Religion, welche für alle Formen des Lebens, für die reiche und arme, für die gesunde und die gebrechliche, geeignet war, herausgedrängt worden aus dem Leben, hingedrängt an die Stelle des Ausganges: Dort steht sie als ein armer Wächter und hebt die Schaudernden, Zagenden in allen anderen Verhältnissen des Lebens so Übermütigen und Verwegenen über den immer noch unbegreiflichen Moment des Todes hinweg. –

Und über dem majestätischen Bau unserer Staaten, über allen Verbindungen unseres Herzens, über allen Erwerb unserer Kräfte und über allen Heiligtümern der bürgerlichen Gesellschaft waltet und würfelt das alte Fatum, so daß von der Sicherheit und behaglichen Ruhe, die wir meistens träumten, nichts übrig bleibt und wir uns hingeben müssen dem Glauben an unsere eigene Kraft und in tausend Fällen, wo diese uns verläßt, dem Glücksspiele. –

Das Christentum, welches ich dem Magnet vergleichen möchte, der das Schiff durch Nacht und Sturm wie durch die Sonnenklarheit des Tages gleich sicher führt, der dem Steuermann immer antwortet, wo und wann er denselben auch fragen möchte, und welches den Menschen ganz eigentümlich gehört, ist gegenwärtig für die gläubigsten Seelen nichts mehr als ein leitendes Gestirn, welches nur zu erblicken erst die Nacht der Leiden über die Menschen einbrechen muß, und welches dann noch in den meisten Fällen von Wolken verhüllt wird, übrigens auch seine eigenen

Bestimmungen verfolgt und der Menschheit nicht angehört, wie jener Magnet. (...)

Mancher will in unseren Tagen auch eine Gefahr der *geistigen* Freiheit sehen: Die *Kirchenvereinigung*. Ich lobe den frommen Eifer so mancher protestantischen Geistlichen, die im voraus dagegen protestieren. Es ist besser, das letzte lockerste Band der Herzen, welches dauert, festzuhalten als jemals einzugehen in den Wahn, daß das versteinerte Gesetz und die über den Erdball zerfließende Freiheit, wie sie heutzutage sich zeigen, je verschmolzen werden könnten durch weltliche Negoziation, weltliches Zu- und Abhandeln. Bewahre jeder lieber das reine, wenn auch unedle Metall, welches er trägt, als daß er einwillige in eine herabwürdigende Komposition beider! Lieber will ich die Elemente in schroffer Abgeschiedenheit nebeneinander sehen; wer schaffende Kraft in seinem Herzen trägt, kann diese Elemente doch wenigstens im Geiste zu seiner Beruhigung verbinden: da hingegen die chaotische Mischung, durch äußere Willkür vollzogen, alles, selbst die unnachläßlich strebende Seele, verwirren würde. Lieber möge die Spaltung des Glaubens bleiben, durch welche wir zurücksteigen können zu der alten herrlichsten Einheit des Glaubens, als eine frühzeitige, leichtsinnige Vereinigung die letzten Spuren jener anfänglichen Hoheit verderben! –

In dem unbefangenen, gesunden Herzen hat das Gesetz und der Katholizismus seinen Wortführer; die Freiheit und der Protestantismus den ihrigen. Der Katholizismus, wie auch seine Bekenner abgefallen sein mögen von dem Glauben an die alte politische Majestät der christlichen Religion, bleibt das heilige Archiv unseres Glaubens; der Protestantismus, wie seine Bekenner auch herabgesunken sein mögen von einem Begriffe zu dem anderen, von einer leeren Vernunftformel zu der anderen, bewahrt dennoch ein heiliges, unveräußerliches Prinzip: das Prinzip der Freiheit und demnach der Allgegenwärtigkeit der Religion. Vor jedem reinen Gemüte stehen also noch jetzt die beiden Elemente der christlichen Religion, die Freiheit und das Gesetz, deutlich da. Wie der falschen Freiheit, dem falschen Gesetze zu entrinnen sei, habe ich gezeigt; es gibt also nur einen Weg, die wahre alte Kirchenvereinigung in seinem Herzen zu vollziehen: nämlich den, daß man mit gerechter Seele allmählich an der Hand der Geschichte durch die Jahrhunderte der Spaltung zurücksteigt zu dem Jahrtausend der Vereinigung und durch dieses – ohne seine Gebrechlichkeit und Mangelhaftigkeit, die ich nicht geleugnet habe, zu übersehen – zu dem reinen Quell aller Freiheit und allen Gesetzes. (...)

43.

Die Inkarnation als theologisches Fundament aktiver christlicher Weltgestaltung

Vermischte Schriften über Staat, Philosophie und Kunst. Bd. 1, 2. Aufl. Wien 1817. Kap. III, Ziff. 1: Theologische Moral, S. 349f., 354f.

Der Weg zu Christo ist von den ethischen Philosophen des Mittelalters besonders in *negationeller* Manier verzeichnet worden. Es hat oft das Ansehen, als lehrten sie, daß das bloße Entsagen der Welt schon an und für sich Eingehen in Christo sei; und da versteht man denn wahrlich nicht, warum das Wort Fleisch geworden? – Hat Christus bloß die Verächtlichkeit des Fleisches dartun und das Abtöten des Fleisches lehren wollen, als er Mensch wurde? Gewiß nicht; niemand wage mir dieses Fleisch und diese menschliche Gestalt und diese irdischen Interessen herabzusetzen, seitdem Gott selbst gewürdigt hat, darin einzugehen und liebend zu verweilen. Auch würde jene Entsagungslehre nur auf alle diejenigen einige Anwendung leiden, die von der Natur nur mit sehr schwachen Banden an die Gesellschaft geknüpft sind; Fürsten, Staatsdiener, Hausväter etc. können nicht der Welt entsagen.

Sicherlich aber ist die Resignation eine Seite des christlichen Lebens: Allem entsagen können, wenn es die Sache Gottes auf Erden erheischt, ist eine der wesentlichsten Eigenschaften des Christen. Aber so bedeutet, *alles entsagen*: allem Götzendienst entsagen; nicht die Dinge wegwerfen, aber den Götzendienst der Dinge wegwerfen; wenn man mit den Dingen um ihrer selbst willen verbunden ist, wenn man sie um ihrer selbst willen liebt, dieses götzenhafte Band zerreißen, um ein göttliches zu knüpfen, um sie um Gottes willen zu lieben. (...)

Die Welt vor Christum suchte das Selbst ihres Selbst außer oder über dem Selbst: Das höchste Gut der Weisen und die Götzen der Völker des Heidentums und ihr Vaterland waren doch in die Außenwelt hinausgestellte Splitter, Zeichen, Symbole, Hieroglyphen ihrer innersten Selbstheit. Es gab Wörter der Deutung der Verständigung zwischen Gott und Menschen, gelegentliche Berührung des äußeren Selbst, des fleischigen Selbst mit dem inneren Selbst. Aber das *Wort* selbst war noch nicht Fleisch geworden.

Das Wort des inneren Selbst, die ewige Persönlichkeit Gottes erschien nunmehr auf Erden in menschlicher Gestalt und wohnte unter uns: erkenntlich und ergreiflich für alle, übersetzbar in alle Selbstheit, Sprache und Lebensweise; das Geheimnis der unendlichen Liebenswürdigkeit war gelöst: die Persönlichkeit Gottes kehrte bei uns ein, machte Wohnung unter uns, in unseren Herzen.

Es gibt fortan zu Gott, d.h. zu unendlicher Persönlichkeit, d. h. zur unendlichen Liebe nur einen Weg, nämlich durch Christus, dadurch, daß wir erkennen, daß er und niemand anders jenes unter Leiden erstrebte, oftmals verhüllte Selbst unseres Selbst sei, per saecula saeculorum. –

Daß die äußere Welt mit allem notwendigen Beiwesen, so gut wie unser Leib und alle Träger der Vergänglichkeit an uns, eingeführt werden können in Gott und seiner unendlichen Persönlichkeit teilhaftigkeit werden, das ist das in uns ewig fortwirkende Werk Jesu Christi. Also gilt es, durch die ewige Wiedergeburt Christi in unserem Selbst sein großes Erlösungswerk fortzusetzen, nicht abzusterben der Welt, sondern sie wiederzugebären in Christo, alle und alles fortschreitend des Geistes seiner Gnade teilhaftig zu machen.

44.

„Religionsfreiheit" und die Aufgaben eines öffentlichen christlich-gesellschaftlichen Wirkens

Die Elemente der Staatskunst. Bd. 3, Berlin 1809. Sechsunddreißigste Vorlesung: Von der Freiheit und vom Gehorsam in demselben Christentume, S. 301–305, 307f.

Bei Müller beginnt sich bereits eine moderne Einsicht abzuzeichnen, daß nämlich Glaube und Kirche eine fundamentale Sicherung der öffentlichen Präsenz über die aktive christliche Welt- und Gesellschaftsverantwortung der christlichen Bürger auf der Grundlage der „Religionsfreiheit" (V, 44) besitzen, so wichtig eine institutionell-rechtliche Sicherung der Kirche auch für Müller ist.

Danach soll der Christ als Bürger von der „Religion" her mit einer religiösen „Seele" die Gesellschaft, den Gemeinschaftskörper „beseelen" als seinen „erweiterten Körper" mit dem wahren „Gefühle der Freiheit, der Persönlichkeit", sonst wird „alles zur toten Sache, zum Egoismus" (Von der Notwendigkeit einer theologischen Grundlage der gesamten Staatswissenschaften, Ziff. XV).

Über die „Religionsfreiheit" „muß die Religion sich ausprägen" im „Stoffe" der „bürgerlichen Gesellschaft" (V, 44), im Gegensatz zu Auffassungen, die sie als „ausschließend häusliche und Privatangelegenheit" (V, 42) verstehen.

Wie verhält sich die weltherrschende Idee, welche die Stifterin und Erhalterin jedes wahren Bundes auf Erden ist, zu der Freiheit? – Viele unter den Menschen dieser Zeit schmeicheln sich mit einer eigenen Religion, die sie im Herzen trügen, mit gewissen ganz eigentümlichen Ansichten von Gott, der Unsterblichkeit der Seele, und was solcher, in das vermeintliche Gebiet der Religion einschlagenden, Begriffe mehr sind; und dann berufen sie sich auf ein unveräußerliches Recht, über diese

Dinge ihre eigenen Gedanken zu haben und sich von dem Glauben der Majorität ihrer Nachbarn loszumachen. Dies nennen sie nun: das Recht der Glaubens- und Gewissensfreiheit. –

Einem gründlichen, treuen Herzen ist eine solche Absonderung von der bürgerlichen Gesellschaft, gerade wo es auf die erhabensten Angelegenheiten ankommt, schon an und für sich ein Greuel. Da wird dann die Auszeichnung darin gesucht, auf einsamen Wegen, in der sogenannten schönen Natur, vermittelst der Astronomie oder der Philosophie oder irgendeiner Wissenschaft zu Gott zu gelangen; und gewöhnlich bringt man, nach einem kurzen Rausche der Sinne oder nach luxuriöser Anwendung der Verstandeskräfte, eine metaphysische Erkältung der Seele mit nach Hause. –

Alle Erbauung des Lebens und alle Andacht, welche meinethalben auch der einsame Umgang mit der Natur oder den Wissenschaften mitunter gewähren mag, kehrt ewig auf den Hauptgegenstand der menschlichen Wirksamkeit, nämlich auf den Menschen, auf die bürgerliche Gesellschaft zurück: Da erfolgen jene gewaltigen Berührungen der Kraft mit der Kraft, des Herzens mit dem Herzen, in denen sich die Religion erzeugt, während in dem Umgange mit der sogenannten schönen Natur und den sogenannten Wissenschaften der Mensch, weil seiner Willkür allzu großer Spielraum gelassen ist, die Gegenstände nur leise streift, anstatt sie zu ergründen; wozu die Gegenwirkung der Menschen und die Schranken der Gesellschaft nötig sind. Seine Freiheit muß gerade beschränkt werden, wenn sie wahre Kraft äußern, wenn sie weltherrschende und weltvermittelnde Gedanken erzeugen, wenn wahrer Glaube, wahre Liebe aus ihr entspringen soll.

Also aus der Religionsfreiheit ein besonderes Privilegium für schlaffe Seelen zu machen, über die höchsten Gegenstände des Glaubens zu meinen, nach Herzenslust zu faseln, während sie den äußerlichen, bürgerlichen Zwangspflichten der Notdurft halber sich unterwerfen – verträgt sich mit meiner und *aller* gründlichen Ansicht der Dinge durchaus nicht. Zu der bürgerlichen Freiheit gehört die unaufhörliche Einwirkung der Gegenfreiheit des Nachbars: Aus dem kräftigen, oft schmerzlichen Berühren der beiderseitigen Freiheit entsteht, wie ich gezeigt habe, das lebendige Gesetz. Wenn es sich, nachdem durch meine Darstellung die Einheit und Harmonie der bürgerlichen und göttlichen Gesetze über allen Zweifel erhoben worden ist, noch der Mühe verlohnt, einmal die Freiheit des Menschen in göttlichen Dingen abgesondert von der in weltlichen zu betrachten, so sage ich: Die religiöse Freiheit des Menschen bedarf ebenfalls der unaufhörlichen Reaktion der religiösen Nebenfreiheit seines Nächsten; aus der lebendigen Wechselwirkung der beiderseitigen religiösen Freiheit erzeugt sich das göttliche Gesetz, der wahre Gegenstand des Glaubens, der an Umfang, Größe und Leben zunimmt, je gewaltiger und vielfältiger die Reaktionen werden. Die wilde rohe Gewissensfreiheit des einzelnen, in der Natur, der Philosophie oder irgendeinem anderen Labyrinthe der abgesonderten Sinne, des abgesonderten Verstandes Umherirrenden muß erst in das Getümmel der bürgerlichen Gesellschaft zurück und sich dort im vielfältigen Kampfe mit anderen freien Naturen wahre Schranken anschaffen. Nun kommt die wahre Freiheit ans Licht, welche aber die Gesellschaft oder das Element, worin sie entstanden ist, nie wieder verläßt. –

Halte doch niemand jene Prahlereien von vorgeblicher natürlicher oder philosophischer Religion für ein Zeichen starker Seelen! Sich selbst, mit allem, was an uns ist, tief in die Schicksale der Welt und *Menschheit*, welche unsere Welt ist, zu verflechten, demnach auch eins zu werden mit ihr im Glauben und in der Hoffnung: Das ist stark und groß; stärker und größer in einer Zeit, wie die jetzige, wo jeder die Religion auf seine eigene Hand zu treiben unternimmt. –

Religionsfreiheit kann also ewig nicht heißen: die Freiheit, das alte Band des Glaubens unter den Völkern der Erde festzuhalten oder fahren zu lassen; sondern es heißt: *Freiheit, in den großen Kampf, in das Ringen der irdischen Herzen nach einem dauernden, allumfassenden Glauben aus allen Kräften mit einzugreifen.* Was wir Lebensglück, Sicherheit, Reichtum, Wissenschaft usw. genannt haben, zerrinnt uns unter den Händen: Wir suchen etwas Dauerndes und Ewiges zur Stütze; die schöne Natur, der Sternenhimmel, die Harmonie der Begriffe, welche philosophische Systeme uns zeigen, erleuchten, wie einzelne Blitze, nur den Weg, den die Seele sucht, machen die Finsternis nur finsterer, das Schwanken nur schwankender, die Wehmut nur schmerzlicher. Aus dem Nächsten, aus unserem Element, aus der bürgerlichen Gesellschaft muß der Trost kommen; in *ihrem* Stoffe muß die Religion sich ausprägen, wenn wir befriedigt werden sollen. Die Menschheit, die mit uns leidet und liebt, muß die Religion darstellen; zu Fleisch von unserem Fleische muß das Wort werden. – (. . .)

Die Freiheit kann nun nicht mehr darin bestehen, daß der Mensch sein Herz wie eine Uhr nach dem Gange der Gestirne oder wie eine Mühle nach dem Gange der Winde und der Gewässer stelle, oder daß er sich Götzen aus philosophischem oder wirklichem Marmor schnitze, oder daß er nach einzelnen Spuren Gottes in der alten Irre umhertappe; sondern, daß er kämpfe und in sich und anderen rein erhalten helfe das Wesen der Menschwerdung, das Geheimnis der Gesellschaft, das Verhältnis des Menschen zur Menschheit und zu Gott, durch Vermittlung Christi, oder der Idee des Staates. –

Der Mensch muß also notwendig zwei einander bedingende große Sachen begehren: *zuerst* die Aufrechterhaltung des wahren, im vollen Sinne des Wortes allein *seligmachenden* Glaubens an Christum, des Gesetzes aller Gesetze, der Grundlage zu allem Staats- wie zu allem Privatglück; *zweitens* muß er begehren seine eigene Freiheit, seine eigene kräftige und liebevolle Mitwirkung zur Erhaltung des Glaubens. (...)

45.

Kein Alleinherrschen des „geistlichen Prinzips"

Die Elemente der Staatskunst. Bd. 1, Berlin 1809. Vorrede, S. VI.

(...) Ich habe *für mein Zeitalter* geschrieben, und so wird man es billigen, daß ich mich der gerade jetzt unterdrückten geistlichen und feudalistischen Elemente des Staates wärmer annehme als der in diesem Augenblick triumphierenden. Mir ist es aber um ihrer aller Wechselwirkung zu tun, und so bin ich der erste, der gegen die flachen Götzendiener des Mittelalters und der absoluten Hierarchie den Stein aufhebt. Obgleich heute ein eifriger Widersacher von dem altrömischen Prinzip unserer Verfassungen, bin ich dennoch irdisch und römisch genug, morgen dem geistlichen Prinzip, wenn es *allein* herrschen wollte, den Krieg anzukündigen. Nichts wünsche ich weiter von mir entfernt halten zu können, als jene kränkliche, hyperkritische Jugend meiner Zeit, die den Geist und das Heilige wieder *in die Mode zu bringen* strebt. Auch mit der grassierenden Vaterlandsretterei haben diese Bogen, wie der Augenschein lehrt, nichts zu schaffen. (...)

QUELLEN- UND LITERATURVERZEICHNIS

1. Schriften

Die Lehre vom Gegensatze. Erstes Buch. Der Gegensatz (einziger Band). Berlin 1804. Neudruck in: *Schroeder/Siebert*, op. cit., Bd. 2. – Vorlesungen über die deutsche Wissenschaft und Literatur. Dresden 1806, ²1807. Neudruck in: *Schroeder/Siebert*, op. cit., Bd. 1; Neuausgabe von *Arthur Salz*, München 1920. – Die Elemente der Staatskunst. 3 Bde., Berlin 1809. Neuausgabe von *Jakob Baxa*, 2 Bde., Berlin 1922. – Über König Friedrich II und die Natur, Würde und Bestimmung der Preußischen Monarchie. Berlin 1810. – Vermischte Schriften über Staat, Philosophie und Kunst. 2 Bde., Wien 1812, ²1817. – Versuche einer neuen Theorie des Geldes mit besonderer Rücksicht auf Großbritannien. Leipzig u. Altenburg 1816. Neuausgabe von *Helene Lieser*, Jena 1922; Neudruck ferner in: *Albert Josef Klein*, op. cit. – Zwölf Reden über die Beredsamkeit und deren Verfall in Deutschland. Leipzig 1816. Neuausgabe mit einem Essay von *Walter Jens*, Frankfurt/M. 1967; Neudruck ferner in: *Schroeder/Siebert*, op. cit., Bd. 1. – Von der Nowendigkeit einer theologischen Grundlage der gesamten Staatswissenschaften und der Staatswirtschaft insbesondere. Leipzig 1819. Wiederabdruck in: Adam von Müller's gesammelte Schriften, Bd. 1; *Rudolf Kohler*, op. cit; *Albert Josef Klein*, op. cit. – Die innere Staatshaushaltung; systematisch dargestellt auf theologischer Grundlage. In: Concordia, Heft 2, Wien 1820. Wiederabdruck in: Adam von Müller's gesammelte Schriften, Bd. 1; *Rudolf Kohler*, op. cit.; *Albert Josef Klein*, op. cit. – Adam von Müller's gesammelte Schriften. Bd. 1 (einziger Band), München 1839. – *Adam Müller*, Ausgewählte Abhandlungen. Hrsg. *Jakob Baxa*. Jena 1921, ²1931. – *Adam Müller*, Schriften zur Staatsphilosophie. Hrsg. *Rudolf Kohler*. München 1923. – *Adam Müller*, Vom Geiste der Gemeinschaft. Elemente der Staatskunst – Theorie des Geldes. Hrsg. *Friedrich Bülow*. Leipzig 1931 (Kröner Taschenausgabe, Bd. 86). – Adam Müllers Lebenszeugnisse. Hrsg. *Jakob Baxa*. 2 Bde., Paderborn, München, Wien 1966. – *Adam Müller*, Kritische, ästhetische und philosophische Schriften. Hrsg. *Walter Schroeder u. Werner Siebert*. 2 Bde., Neuwied u. Berlin 1967. – *Adam Müller*, Nationalökonomische Schriften. Hrsg. *Albert Josef Klein*. Lörrach 1983.

2. Literatur

Friedrich Meinecke, Weltbürgertum und Nationalstaat. München 1922. Neuausgabe von *Hans Herzfeld*, München 1962. – *Carl Schmitt*, Politische Romantik. München u. Leipzig 1919, ²1925. – *Jakob Baxa*, Adam Müller. Ein Lebensbild aus den Befreiungskriegen und aus der deutschen Restauration. Jena 1930 (mit Lit.). – *Ernst Rudolf Huber*, Adam Müller und Preußen. In: *Ders.*, Nationalstaat und Verfassungsstaat. Studien zur Geschichte der modernen Staatsidee. Stuttgart 1965, S. 48 ff. – *Martin Greiffenhagen*, Das Dilemma des Konservatismus in Deutschland. München 1971. – *Gerd-Klaus Kaltenbrunner* (Hrsg.), Rekonstruktion des Konservatismus. Freiburg i. Brg. 1972. – *Albrecht Langner* (Hrsg.), Katholizismus, konservative Kapitalismuskritik und Frühsozialismus bis 1850. Paderborn 1975. – *Albrecht Langner*, Adam Müller. In: *Jürgen Aretz/Rudolf Morsey/Anton Rauscher* (Hrsg.), Zeitgeschichte in Lebensbildern. Aus dem deutschen Katholizismus des 19. u. 20. Jahrhunderts. Bd. 4, Mainz 1980, S. 9 ff. – *Karl Mannheim*, Konservatismus. Ein Beitrag zur Soziologie des Wissens. Frankfurt/M. 1984 (dieser Publikation liegt Mannheims Habilitationsschrift aus dem Jahre 1925 zugrunde).